U0604375

MIDDLE

中国中产阶层
社会政治态度研究

A STUDY ON
THE SOCIAL AND POLITICAL ATTITUDE OF
THE MIDDLE CLASS IN CHINA

CLASS

胡建国 等 著

社会科学文献出版社
SOCIAL SCIENCES ACADEMIC PRESS (CHINA)

本书为国家社会科学基金（09CSH021）研究成果

摘　要

　　中产阶层崛起的过程，往往是一个国家经济社会深刻转型的过程，其间日益复杂多元的社会生态对中产阶层社会政治态度往往造成不同方向的影响。沿着这一思路，本研究力图拓宽研究视野，将社会变革的多维因素纳入中产阶层政治态度的分析中来。对此，本研究从本土化入手，构建中国中产阶层社会政治态度分析框架，利用中国社会科学院"当代中国社会结构变迁研究"课题组全国社会调查（NSS）、中国人民大学国家数据中心"中国综合社会调查"（CGSS）、中国社会科学院"中国社会状况综合调查"（CSS）2001～2011年间的调查数据，对中产阶层社会政治态度状况与影响机制展开了分析。研究发现：中产阶层社会意识呈现乐观与焦虑交织的特征。中产阶层虽然受益于经济发展，持有强烈的发展获益感受，但是在民生压力、社会公平、社会冲突、主观地位认同等方面，持有并不乐观的判断与感受。从政治态度来看，中产阶层对民主、政府工作以及政治体制改革的意识较之其他阶层更为积极，但是这种积极并非激进，而更具有改良色彩。研究进一步发现，中国中产阶层社会政治态度的变化较少受到经济增长的影响，但是社会流动状况对他们的社会政治态度有着显著的影响。另外，体制分割与利益受损状况对中产阶层的社会政治态度也有着一定程度的影响。如果将中产阶层视为影响中国社会政治发展的重要力量的话，本研究结论支持如下判断：当前和未来中期，中国社会发展虽然面临诸多社会矛盾与问题的挑战，但是不太可能引发大的社会动荡，因为中产阶层的占比越来越大，其将起到更好的稳定器作用；同时国家也应对其投入更多的关注与扶持。

目 录

第一章 绪论

自 20 世纪 80 年代以来，中国学术界开始对中产阶层①问题研究给予关注，进入 90 年代尤其是世纪之交以来，随着中国中产阶层的快速崛起，这一研究领域更加引人关注。中产阶层崛起究竟会对政治社会秩序产生什么样的影响，这是研究者关注的重要理论问题和现实问题，也是本研究的理论关照和现实关怀所在。

一 研究背景

（一）问题提出

市场转型必然引起社会结构变动，在马克思主义看来，这主要表现为阶级结构和阶级关系的变化。因此，转型社会学不能不把阶级及其演变的问题列上自己的日程表，不能不对随着市场转型而生产和再生产出来的阶级群体和阶级关系加以分析。② 因此，20 世纪后期传统社会主义国家在市场转型过程中发生的阶级变化，尤其是

---

① 中产阶层在国内学术界有时被称为中等阶级、中等阶层、中间阶级、中间阶层、新社会阶层、中等收入阶层等，这些术语基本上是同一语意，但因使用场合差异而有所差别，不过许多研究者在行文中常混用。本研究中统称为中产阶层，引文时保留原有称谓。

② 沈原：《市场、阶级与社会：转型社会学的关键议题》，社会科学文献出版社，2007，第 5 页。

中国市场化进程中迅速变化和改变的阶级阶层结构，吸引了众多学者的关注，因为中国正以迅雷不及掩耳之势推进工业化、城市化和现代化，将过去西方市场化进程中上百年的工业社会阶级演变在一个较短的压缩时空中展现出来，这为研究者提供了一个极为难得的研究领域。其中，中产阶层是研究者重点关注的议题，这不仅因为中产阶层的崛起对于现代社会具有重要意义，更是因为在比较了一些国家或地区（如拉美与东亚）的成败得失经验的基础上，[①] 研究者将得出的研究结论用于中国进行检验。其中，围绕中国中产阶层，研究者的研究内容涉及中国中产阶层成长及其机制，中产阶层发育程度，中产阶层结构与特征，中产阶层经济社会功能，等等。概括来看，对于目前中国中产阶层成长研究，有以下三个基本判断。

第一种判断认为改革开放二十多年后，中国中产阶层已经形成，虽然研究者对于中产阶层的规模界定存在着分歧，但是无论在经济地位、生活方式，还是在价值取向以及社会意识等方面，都可以不同程度地总结出中国中产阶层的特征及其对经济社会发展的影响。[②]

第二种判断认为不论基于哪一种维度，都可以越来越清晰地观察到中国中产阶层在稳定扩张而且扩张速度在逐步加快。现实中已经客观存在着中产阶层这样一个社会群体，但是在其内部又存在明显的差异，各个群体在经济利益、生活方式、文化程度等方面的差异性大于一致性，[③] 因此还无法概括出中国中产阶层的普遍特征。虽然人们可以从研究中分辨出中产阶层，但是因为其内部离散，所以在现实生活中，很难感知到中产阶层的整体存在与影响。

---

① 郭存海：《拉美的"过度不平等"及其对中产阶级的影响》，《拉丁美洲研究》2012 年第 4 期。

② 参见陆学艺主编《当代中国社会阶层研究报告》，社会科学文献出版社，2002；周晓红主编《中国中产阶层调查》，社会科学文献出版社，2005。

③ 参见李强《转型时期中国社会分层》，辽宁教育出版社，2004；李强：《"绷紧"的社会结构》，《改革内参》2004 年第 32 期。

第三种判断认为在中国并不存在一个事实上的中产阶层，中产阶层只不过是 20 世纪 90 年代中期以来先富起来的群体，中产阶层这一概念是媒体虚构出来的，① 与其说这些先富起来的群体是中产阶层，倒不如说他们是富裕阶层更为准确。②

总体而言，上述三种研究取向都未回避这样一个基本现实——自 1978 年改革开放以来，中国已经崛起了一个带有中产阶层特征的新兴群体。但是，对于中国是否已经初步形成了中产阶层，研究者存在着分歧。比较而言，第一种判断认为中国中产阶层已经成长起来，并已经初步形成了具有普遍性的特征。第二种判断认为中产阶层成员已经出现，并且群体性的特征已经形成，但是整个阶层的特征与作用尚不明显。第三种判断则持完全相反的观点，认为中产阶层在中国还是一个虚幻的群体。不过，越来越多的研究者还是倾向于这样的结论：在中国一个规模可观的中产阶层已经出现，并且能够越来越清晰地感受到他们的存在，尤其是在经济与消费领域。

中产阶层研究作为中国社会结构研究的热点领域，研究者对它给予了持续的关注，这表明这一领域的研究具有重大的理论价值与现实意义。对此，本课题试图展开研究并回应现有的研究观点。在研究的切入点上，本课题选取的是中国中产阶层的社会政治态度，选择这一切入点是为了探讨中国中产阶层的成长状况。在已有研究中，研究者从经济地位、生活方式、社会意识及价值取向等不同维度对中国中产阶层的成长展开了研究。综合来看，一个阶层形成的重要标志是阶层意识的形成。以往多有涉及中产阶层意识的研究，并形成了两种经典的研究立场：一是认为中产阶层在社会政治态度上温和保守，属于"政治后卫"；二是认为中产阶层的社会政治态度

---

① 周讯：《消费闲暇：当代中国的中产阶层及消费主义》，载周晓虹、谢曙光主编《中国研究》第 2 期，社会科学文献出版社，2006。
② 严行方：《中产阶层》，中华工商联合出版社，2008，第 86 页。

激进变革，这源于他们追求民主与自由的阶级特质，因此当中产阶层壮大之后，传统社会政治秩序会受到挑战，从而导致社会政治变革。

事实上，无论研究者认为中产阶层的社会政治态度是温和保守还是激进变革，只要中产阶层表现出他们的阶级意识，就意味着该阶层已经形成并开始对社会政治秩序产生影响。那么，对于崛起的中国中产阶层而言，他们的社会政治态度究竟呈现什么样的特征，又是什么样的影响因素左右着他们的社会政治态度，作答这些问题不仅可以反观该阶层的成长状况，而且可以让我们更好地理解经济社会发展的方向，这正是本研究的目的所在。

（二）研究意义

在以往社会分层研究中，同一阶层成员是否具有共同的阶层意识，形成相互的群体认同以及一致的主观地位认同，并在此基础上产生阶层行动，是一个重要的研究问题，同时也是争论最为激烈的问题。[①] 自20世纪80年代以来，中国学术界研究中产阶层的主题经历了几次转换，但是其社会政治态度是一个不断被重视的领域。[②]

早在20世纪80年代，国内便兴起了对中国中产阶层的讨论，主要原因是这一时期大量西方理论思潮传入国内，而当时在西方理论界新马克思主义理论思潮尤为盛行，其中新马克思主义者有关中产阶层的争论以及对传统马克思主义阶级理论的修正，使得中产阶层成为讨论的核心内容，中国一些理论家和研究者受此影响也开始

---

① 李春玲：《当代中国社会的阶层意识与社会态度》，《当代中国社会利益关系会议论文集》，2005。

② 李春玲在《中国中产阶级研究的理论取向及关注点的变化》一文中对中国中产阶级研究历史进程有具体的阐述，本文本部分内容直接引用和参考了该文的内容。该文刊发于李春玲主编《比较视野下的中产阶级形成——过程、影响以及社会经济后果》，社会科学文献出版社，2009。

关注中产阶层问题。这一时期，一些研究者认为中产阶层是推进民主政治的力量，不过在 20 世纪 80 年代后期这样的观点开始受到批判，认为它与现行社会制度不相符合，这使得学术界对中产阶层的研究一度沉寂。总体来看，80 年代理论界对中产阶层的讨论带有明显的阶级分析视角和政治民主倾向。

20 世纪 90 年代中后期，对中国中产阶层的讨论日益升温，其中中产阶层的规模与结构成为讨论最集中的话题，这主要是因为随着中国市场化改革的推进，中产阶层开始出现，这重新吸引了一批学者开始对中产阶层进行研究，由于受意识形态的影响，这一时期研究者用其他一些词语来代指中产阶层，如"中间阶层""中间阶级""中等阶级""社会中间层""中等收入者"，等等。与 80 年代不同，这一时期对于中产阶层的研究摆脱了阶级分析的取向，而更具有社会学的色彩，研究内容更多涉及中产阶层的标准、中产阶层的规模、中产阶层的消费与生活……这些话题既是公众中的热门话题，也是学界讨论的重点。总体来看，研究者集中论证中产阶层具有正向的社会功能，是社会政治稳定和经济发展的重要力量，这也正是政府追求的两个重要目标。因此，这样的研究是富有成效的，党和政府的文件开始采纳这些研究者的观点。例如，2002 年党的十六大报告中就明确提出了要"扩大中等收入者比重"，从而把培育扩大"中等收入者群体"确定为政府追求的目标之一。在学者看来，中等收入者就是中产阶层，只是政府出于意识形态的回避没有直接提中产阶层而已。

在进入新世纪之交头 10 年的后期，对于中国中产阶层的讨论，开始转向中产阶层的文化与政治，其中一个重点议题就是中产阶层的社会政治态度。事实上，随着中国经济社会的发展，中产阶层在中国的规模越来越大，中产阶层的兴起可能会产生什么样的政治后果，越来越引发学者的思考。虽然这一问题在 20 世纪 80 年代曾经讨论过，但是受限于当时的意识形态和政治氛围的禁锢，并没有充分展开讨论。在中国中产阶层已经成长起来后，对这一问题的探讨则更加"接地气"了。同时，执政党也需要了解这支势不可当的中产阶层队伍的社会政治态度。这一时期的研究观点纷呈：有人认为中产阶层是推进政治民主的力量，是民主政治的社会基础；[①] 也有人认为中产阶层受益于现行经济社会政治体制，他们没有理由反对现行的制度，是社会政治稳定的基础；[②] 还有人认为中产阶层是社会不稳定因素，等等。[③]

社会政治态度研究成为中国中产阶层研究的新的走向，其意义是突出的。一方面，中产阶层的兴起及其影响，是每一个转型国家需要思考的重大命题，亦是国家政策体制调整的重要逻辑出发点。当前，中国中产阶层的兴起已越来越被人们感受到，他们对经济社会的影响也越来越明显，那么在社会政治领域中产阶层的兴起究竟会产生什么样的影响，这种影响的形成机制又是什么，这是本课题研究的现实关怀所在。另一方面，以往研究对于中产阶层社会意识与政治态度一直存在分歧，究竟是温和保守还是激进变革，学者们讨论不休。这也表明，中产阶层社会政治态度是需要持续推进的研究命题。

二　文献综述

中产阶层社会政治态度，究竟是温和保守还是激进变革，这是中产阶层研究由来已久的分殊，这一分殊背后则是对中产阶层究竟是不是社会的"稳定器"这一基本命题的探讨。总体来看，以往研究文献对中产阶层社会政治态度的探讨极为丰富，这种探讨不仅源

① 李强：《转型时期中国社会分层》，辽宁教育出版社，2004。
② 陆学艺主编《当代中国阶层研究报告》，社会科学文献出版社，2002。
③ 张翼：《当前中国社会阶层政治态度》，《中国社会科学》2008 年第 2 期。

自学术探讨的驱动，而且源自对社会重大变革的思考。

（一）西方中产阶层社会政治态度研究回溯

中产阶层社会政治态度的研究在西方源远流长。概括来看，在长期的研究中，形成了三种基本观点：一是温和保守，二是激进变革，三是异化。①

1. 温和保守

温和保守是西方学者对中产阶层的社会政治态度的基本立场，源自这一立场，中产阶层往往被视为社会的"稳定器"。这一理论立场历史悠长，从古希腊的亚里士多德一直到工业社会以及后工业社会时期的托克维尔、凡勃伦、李普塞特、丹尼尔·贝尔等众多思想家均持这一立场。

亚里士多德最早提出"中产阶层是社会的稳定之源"的观点。亚里士多德比较了不同政体的特点与优劣，认为其中最具稳定性的是共和政体，因为它是以中产阶层为社会基础的。"在一切城邦中，所有公民可以分为三个部分（阶层）——极富、极贫和两者之间的中产阶层"。"中产阶层（小康之家）比任何其他阶层都较为稳定"。"他们既不像穷人那样希图他人的财物，他们的资产也不像富人那样多得足以引起穷人的觊觎"。同时，他们既没有因过多的财富而带来的奢纵和不服从统治、不讲纪律的品性，又没有因财富缺乏而带来的卑贱自弃。他们"既不对别人抱有任何阴谋，也不会自相残害，他们过着无所忧惧的平安生活……无过不及，庸方致祥，生息斯邦，乐此中行"。另外，中产阶层富于理性，惯于计算，习于契约，这使

---

① 胡联合、胡鞍钢在《中产阶层："稳定器"还是相反或其他——西方关于中产阶层社会政治功能的研究综述及其启示》（《政治学研究》2008年第2期）一文中，对西方关于中产阶层的研究做了较好的综述，本部分直接引用了该文的相关内容。

得他们形成了理性的习惯，在政治和哲学领域里显得比富人更有理性的智慧。因此，"唯有以中产阶层为基础才能组成最好的政体"。①

在亚里士多德看来，中产阶层不多不少的财富使他们具有中庸的品德和保守稳定的阶级性格，这种阶级性格成为社会稳定的基础。这对于后世社会学的研究具有深远的影响和意义。② 如托克维尔认为中产阶层以职业为天职，具备勤奋节俭、知识水平较高、理性、权利观念强、平等自由民主意识突出、信守法律、热心公共事务等人格特点，以及其在社会分层中的中间地位和流动性，都在不同层面增强了其物质创造力和精神影响力，在社会上扩散了人们对现行社会制度的信任。另外，中产阶层在国家与个人之间建立了中间地带，能够对上下两个阶层起到缓冲和制衡作用，既可以防止社会成员的原子化和一盘散沙，又可以防止政府专权以及对个人自由的不当干预和直接侵犯。正是源于这样的社会位置，中产阶层对现有的社会秩序与稳定抱有强烈的认同。另外，在所有阶层中，富人财产很多，财产对其魅力下降；穷人财产很少，幻想改变困境，甚至寄希望于动乱或革命来改变这一状况，即"只有没有什么可失的人才会起来造反"。但是，"既不豪富又不极贫的小康之家（中产阶层），却对自己的财产甚为重视，因为他们离贫穷并不太远，深知贫穷的痛苦，并害怕这种痛苦……他们时时刻刻都希望家产更多一些，所以对家产给予不断的关心；他们通过夜以继日的努力使家产增加，所以对家产更加依恋"。③ 中产阶层对财产的激情"表现得最为坚定和执

---

① 亚里士多德：《政治学》，吴寿彭译，商务印书馆，1996，第 205 ~ 206 页。
② 胡联合、胡鞍钢：《中产阶层："稳定器"还是相反或其他——西方关于中产阶层社会政治功能的研究综述及其启示》，《政治学研究》2008 年第 2 期。
③ 托克维尔：《论美国的民主》下卷，董果良译，商务印书馆，1997，第 61 ~ 117 页，第 213 ~ 222 页，第 800 页，第 276 页；转引自胡联合、胡鞍钢《中产阶层："稳定器"还是相反或其他——西方关于中产阶层社会政治功能的研究综述及其启示》，《政治学研究》2008 年第 2 期。

拗"，把财产损失视为"最大的灾难"，所以他们是反对动乱和革命的天然力量。可以说，设法增加财产是中产阶层的追求，因而他们没有心思、时间和精力去做造反、革命之类的极端事情。总体来看，中产阶层对物质财富的爱好是推动消费增长进而推动经济增长的精神动力，同时也对社会安定提出了直接要求。"追求物质财富的激情，本质上是中产阶层的激情"。不只如此，这种激情还从中产阶层向社会的上层和一般老百姓扩散，而满足这种激情就"需要秩序"。所以，中产阶层是希望并维护社会稳定的天然力量。

凡勃伦和西美尔持有同样的观点。在凡勃伦看来，中产阶层作为富裕阶级（有闲阶级）的一部分，生来就是保守阶级，其保守性有利于社会稳定。[①] 西美尔指出，一个以中间等级（中产阶层）占多数或优势的社会是可持续的社会，并且是一个具有自由主义性质的社会；在该社会中，"中间等级起到缓冲地带或者防震垫的作用，缓冲地带和防震垫不知不觉地接受、缓和和分散在事态迅速发展时不可避免地引起对整体结构的种种震荡"。中产阶层之所以能够发挥这种稳定社会的功能，主要是因为它介于社会上下两个等级之间，它天然地就是一个中间斡旋阶级；同时中产阶层又是一个流动的阶级，下层阶级的人可以通过个人努力上升到社会中层，上层阶级的人退化后也可以滑落到社会中层，这样表现为中产阶层"不断地与其他的两个阶层进行交换，并且由于这种不间断地上下波动，就产生界线模糊和种种持续不断的过渡"。这种流动性不但保持了各阶层的活力，也不断地充实了中产阶层，让社会既有弹性又相对稳定。更为重要的是，在一个分化的现实社会中，如果有较强的中产阶层作缓冲过渡，社会变迁就往往会以循序渐进的方式进行，而不会动摇社会的整体结构和根本制度；相反，如果没有中产阶层的存在或

---

① 凡勃伦：《有闲阶级论》，李华夏译，中央编译出版社，2012，第140～155页。

中产阶层弱小，社会变迁一旦发生，其态势往往是迅猛激烈的，甚至发生疾风暴雨式的暴力革命，从根本上动摇甚至摧毁社会的整体结构及其根本制度。[①]

李普塞特对中产阶层的稳定功能也多有论述，他认为"一个社会若分化为多数贫困潦倒的大众与少数养尊处优的精英，那它不是导致寡头统治（少数上层分子的独裁统治），就是导致暴政（以大众为基础的独裁统治）。"[②] 对此，他认为，"随着财富的增长，社会分层结构的形态发生了变化，从以庞大的下层阶级为根基的狭长的金字塔形转变为中产阶层日益壮大的菱形。强大的中产阶层通过支持温和的民主党派、遏制极端团队，来缓和冲突。"[③] 总之，中产阶层成员往往更遵从社会主流价值观念。[④]

丹尼尔·贝尔对后工业社会中的中产阶层多有研究，他认为随着科学技术的不断深入发展，美国以至西方世界正在进入后工业社会。后工业社会的阶级特征是从事体力劳动和非技术工作的蓝领工人阶层不断缩小，而以专业知识为武装的中产阶层占据优势位置；科学家、工程师、技术人员、医生以及各种管理服务人才等中产阶层成员成为各个领域的实际领导者和管理者，并与政治统治集团结成同盟。[⑤] 他断言，美国不仅是一个白领社会，而且完全是一个中产

---

① 盖奥尔格·西美尔：《社会学：关于社会化形式的研究》，林荣远译，华夏出版社，2004，第 412 ~ 458 页；转引自胡联合、胡鞍钢《中产阶层："稳定器"还是相反或其他——西方关于中产阶层社会政治功能的研究综述及其启示》，《政治学研究》2008 年第 2 期。
② 李普塞特：《政治人——政治的社会基础》，郭为桂、桂娜译，江苏人民出版社，2013，第 26 页。
③ 李普塞特：《政治人——政治的社会基础》，郭为桂、桂娜译，江苏人民出版社，2013，第 42 页。
④ 李普塞特：《政治人——政治的社会基础》，郭为桂、桂娜译，江苏人民出版社，2013，第 169 页。
⑤ Daniel Bell, *The Coming of Post - Industrial Society* (New York: Basic Books, 1973), p. 343 - 362.

阶层社会。随着社会进入富裕的中产阶层社会，资产阶级与无产阶级之间的冲突虽然仍然存在，但已不是主要的社会问题，而且冲突已经被控制在制度化的调节轨道上，所谓革命理论、激进主义的意识形态和政治运动已失去了动力，没有了市场。在西方世界，意识形态的共识（即对福利国家的接受，对分权的期望，对混合经济体制和政治多元化体制的肯定）已经达成。从这个角度讲，意识形态的年代已经终结。[①] 后工业社会是一个更加注重成就自赋的中产阶层社会，社会等级的分隔线从来不是封闭的，人们更多的是通过个人奋斗去谋求地位的改善，而较少诉诸成本高昂、前景未卜的集体政治斗争手段。

另外，丹尼尔·贝尔指出后工业社会是中产阶层务实政治主导的社会。政治斗争注重的是物质利益上的讨价还价和妥协容忍，而很少会为了激进意识形态和社会理想进行殊死搏斗。后工业社会的阶级斗争，与其说是经济企业里劳资之间的冲突，倒不如说是各种有组织团体为了影响国家预算而进行的拔河比赛……政治问题就变成了金钱分配和税收令。[②] 正是由于中产阶层具有这些稳定社会的功能，不少西方学者认为中产阶层的成长壮大已经成为意识形态终结的一种标志和资本主义制度永恒稳定的一种保证。[③] 概括来说，西方对所谓中产阶层稳定功能的论述虽然千差万别，对于其发挥稳定功能的原因的论述也不尽相同，但总体上都认为中产阶层是维护社会稳定的主要力量，是上层阶级与下层阶级之间的平衡力量，是劳资之间的缓冲器，是跨越阶级对立的桥梁，是缓和阶级冲突、协调和

---

① Daniel Bell, *The End of Ideology* (Cambridge: Harvard University Press, 1988), p. 403.

② 丹尼尔·贝尔：《资本主义文化矛盾》，赵一凡等译，三联书店，1992，第70页。

③ Arthur J. Vidch (ed.), *The New Middle Classes: Life-Styles, Status Claim and Political Orientations* (Macmillan PressLtd., 1995), p. 16.

平衡不同阶级利益的中介。①

2. 激进变革

在中产阶层社会政治态度研究中，与温和保守观点截然相左的另一基本观点认为中产阶层持有激进变革的社会政治态度，这是在关于中产阶层社会政治态度研究中影响甚广的观点，也是中产阶层作为传统社会秩序颠覆力量的最有力的理由。

中产阶层一词源自近代英国，在当时的贵族阶级看来，中产阶层与"不安分""反叛性""颠覆性"联系在一起，他们"因手头有了钱，就开始不安于政治上的无权"。② 这些新兴的中产阶层不满足于自己的地位，越来越借助于自己雄厚的经济实力去谋求更高的社会地位和政治权力，这对传统的社会等级秩序和社会政治稳定构成了日趋严重的挑战。③ 因此，相对于传统的社会秩序而言，随着新兴中产阶层的逐步壮大和崛起，中产阶层越来越表现出对传统社会秩序的反叛，并逐步发展成为颠覆性的革命力量，最终推翻了封建统治，建立了以中产阶层占主导地位的资产阶级统治政权。不但如此，在现当代不少发展中国家，把不满政府当局的社会下层群众组织起来的往往是新兴的中产阶层，他们不但是现行社会的颠覆性力量，而且扮演着领导者的角色。④

亨廷顿对发展中国家现代化进程中的中产阶层的功能进行了思考。他指出："在大多数处于现代化之中的社会里，真正的革命阶级当然是中产阶层，此即城市中反政府的主要力量源泉。"⑤ 在亨廷顿

---

① Arthur J. Vidch (ed.), *The New Middle Classes: Life - styles, Status Claim and Political Orientations* (Macmillan PressLtd., 1995), p. 15 - 16.
② 程巍：《中产阶级的孩子们》，三联书店，2006，第 138 页。
③ 程巍：《中产阶级的孩子们》，三联书店，2006，第 461 ~ 462 页。
④ 罗伯特·K. 默顿：《社会理论和社会结构》，贾鹤鹏译，译文出版社，2006，第 296 页。
⑤ 塞缪尔·P. 亨廷顿：《变化社会中的政治秩序》，王冠华、刘为等译，上海世纪出版集团，2015，第 239 页。

看来，原因主要有两个：一是旧的政治制度无法为新生社会力量参与政治和新的社会精英进入政府提供渠道；二是被排除在政治之外的社会势力真的有参与政治的愿望。[①] 这些新的社会力量、社会精英和社会势力的重要构成之一就是新兴中产阶层。于是，新兴的中产阶层往往会创造和利用自己的价值观，影响和动员社会大众，设法谋求其他社会集团（包括农民、城市无产阶级、军队）的支持；一旦这些社会集团特别是农民的经济社会状况达到一定的限度，中产阶层诉诸革命并成功的可能性就会大大增加。需要注意的是，亨廷顿是立足于发展中国家的中产阶层而得出的上述结论，对于发达国家的中产阶层或已经成熟的中产阶层，他则认为是维护社会稳定的重要力量。[②]

古尔德纳同样倾向于认同新中产阶层具有颠覆现行社会结构和制度的特征。他认为，新中产阶层主要由人文知识分子和科技知识分子构成，是精英主义者，他们以其专业知识来获取自身的利益和权力，其力量正在上升和不断增长之中。虽然新中产阶层有其缺点，比如追求个人利益，但无疑是"一个有瑕疵的普救阶级"。从长远来看，随着新中产阶层的加速壮大，社会将发生变革，新中产阶层终将取代旧阶级成为社会的领导阶级。古尔德纳认为，无论是20世纪初的俄国布尔什维克革命，还是20世纪中期越南等国的社会主义革命，作为知识分子的"新中产阶层"都是革命的领导力量。"毫无疑问，老布尔什维克的高层中绝大多数人是知识分子，他们出身于中产阶层"；越南的知识精英在革命中"也扮演着领导角色"。在古尔德纳看来，新中产阶层的革命力量主要来自于四个方面：一是工

---

① 塞缪尔·P.亨廷顿：《变化社会中的政治秩序》，王冠华、刘为等译，上海世纪出版集团，2015，第228页。

② 塞缪尔·P.亨廷顿：《变化社会中的政治秩序》，王冠华、刘为等译，上海世纪出版集团，2015，第239页。

业化的不断发展导致所有权与经营管理权分离，新中产阶层取代旧阶级成为经济的决策者和管理者。二是新中产阶层发展出了有效保障自己物质和精神利益的战略，就是与广大工人阶层、无产者及农民结成联盟，激化群众与旧阶级之间的矛盾，然后再领导这个联盟去反抗旧阶级及旧阶级在旧的社会秩序中的霸权地位。三是新中产阶层是一个文化资本家阶级，拥有多种文化、语言和技术，特别是拥有能有效扩展自己利益的意识形态。四是新中产阶层是一个有着批判式言语群体的新阶级，它更进一步确立了新中产阶层的精神权威，并促进了其阶级内部的团结。① 以上这些方面的特性，决定了新中产阶层将会像传统的资产阶级那样逐步崛起，不断巩固自己在经济政治文化上的优势地位，加速推动旧阶级的进一步衰亡，从而最终完成新中产阶层的"革命"进程，确立自己的领导地位。

3. 异化

西方关于中产阶层异化的研究主要包括两个方面：一是研究中产阶层走向政治偏执狂热的法西斯主义等政治极端主义的现象；二是研究中产阶层走向政治冷漠和疏离的现象。②

在中产阶层政治异化方面，最早引起学者关注的是中产阶层政治偏执狂热的政治极端主义的现象。戴维·萨泊斯认为中产阶层的基本意识形态是民粹主义，其极端表现就是法西斯主义，因此，法

---

① 阿尔文·古尔德纳：《新阶级与知识分子的未来》，杜维真译，人民文学出版社，2001，序言，第56~57页，第12~28页；转引自胡联合、胡鞍钢《中产阶层："稳定器"还是相反或其他——西方关于中产阶层社会政治功能的研究综述及其启示》，《政治学研究》2008年第2期。

② Carolyn Howe, *Political Ideology and Class Formation: A Study of the Middle Class* (Westport: Praeger Press, 1992), p. 25-47; Arthur J. Vidch (ed.), *The New Middle Classes: Life-styles, Status Claim and Political Orientations* (Macmillan Press Ltd., 1995), p. 35-46.

西斯主义就是"中产阶层主义"的极端表现。^① 中产阶层实际上就是那些拥有少量财产而又想成为独立阶级的商人、机械师、农场主等小资产阶级人员，他们提倡一种承认私有财产、利润和竞争的制度，但其基础又与（大）资本主义的构想完全不同。他们从一开始就反对大企业，或者说反对现在所谓的（大）资本主义。他们的经济不安全感使其希望国家保护他们免遭大资产阶级的挤压，同时他们也反对社会主义和工人阶层运动。于是在 20 世纪 30 年代的经济困难和社会紧张的大背景下，德国中产阶层面临大资本主义和社会主义的双重压力，感到了强烈的地位恐慌，很自然就选择了民粹主义的道路，既反对（大）资本主义，又反对社会主义。也正是在这种社会环境下，民粹主义成为一支可怕的力量。^② 正是在这个意义上，中产阶层彻底异化沦为法西斯主义最肥沃的社会温床和阶级基础。

在萨泊斯看来，德国中产阶层走上支持法西斯主义道路是中产阶层对 20 世纪 30 年代德国经济困难和社会紧张的一种极端主义反应。和萨泊斯持相同观点的还有李普塞特。李普塞特认为法西斯主义是一种中产阶层的极端主义运动。法西斯主义基本上是一种既反对资本主义又反对社会主义，既反对大企业又反对大工会的中产阶层运动；典型的法西斯主义是一种有产的中产阶层运动。李普塞特强调，走向法西斯主义的中产阶层多是城乡自营职业的中产阶层，他们作为小资产阶级特别是作为正在没落的阶级，对在现代化大工业社会中所遭受的经济压抑和社会压抑心存不满，寄希望于用法西斯主义和民粹主义等非理性的激进意识形态方式和制度来直接管理

① David Saposs, *The Role of the Middle Class in Soocial Development*, *in Economic Essays in Honor of Wesley Clair Mitchell*（New York：Columbia University Press，1935）.

② David Saposs, *The Role of the Middle Class in Soocial Development*, *in Economic Essays in Honor of Wesley Clair Mitchell*（New York：Columbia University Press，1935），p. 395 – 400.

国家以解决他们面临的困难，来削弱大资产阶级集团和大劳工组织的力量，从而恢复早先中产阶层拥有的经济安全感和较高的社会地位。在李普塞特看来，呼唤和参加极端主义政治运动是中产阶层对工业化不同发展阶段的一种反应。作为中产阶层的极端主义运动的法西斯主义，往往最容易在既有大规模资本主义又有强大的劳工运动的国家出现。①

关于中产阶层走向政治冷漠、政治疏离这一异化现象的研究，最有代表性的学者是米尔斯，他对美国中产阶层尤其是新中产阶层因政治无力感而导致的政治异化作了详细的分析。米尔斯指出，自从新中产阶层在人数上超过老中产阶层之后，他们的政治角色就一直是人们疑虑和争论的对象。在他看来，新中产阶层是普遍异化、冷漠疏离、消极无为的"政治局外人"。"今天美国社会结构的有代表性的心理特征之一，就是系统地形成并维系着对社会和自我的异化。"② 一方面，以个体公民为中心，人们以往希望增加参与政治活动的机会，但扩大政治权利的自由主义政治意识形态正发生改变，人们参与政治的热情大大下降。另一方面，以阶级斗争为基础，希望无产阶级政治觉醒、由自在阶级变为自为阶级，从而推翻资产阶级统治的革命意识形态在美国的影响也日渐式微；人们所能感觉到的是在巨大而复杂的现实世界中，个人离政治权力中心的距离越来越远，个人的政治无力感越来越严重。在这种背景下，政治冷漠是美国政治的最切合实际的表现形式，只有一半多一点的选民参加投票，而且参与投票的人很多只是走形式而并非真的关心政治。实际上，美国大众普遍政治冷漠并回避政治问题，而新中产阶层的政治

---

① 李普塞特：《政治人——政治的社会基础》，郭为桂、桂娜译，江苏人民出版社，2013，第 105～106 页。
② C. 莱特·米尔斯：《白领：美国的中产阶级》，周晓虹译，南京大学出版社，2006，第 229～281 页。

冷漠和疏离与其他阶级并无多少区别。与其他普遍冷漠的美国大众一样,中产阶层既不是激进派,也不是自由派;既不是保守派,也不是反动派;他们是逍遥派,是政治的局外人。无论是作为一个整体,还是其新老两翼,中产阶层都无法在忠诚、要求和希望方面形成共同的符号特征。作为新中产阶层的白领,他们从未参加过任何经济斗争,他们甚至对自己的经济和政治利益缺乏最起码的意识,他们没有感到自己面临任何尖锐的危机,不能向他们提出诸如政党、工会和阶级关系这类问题,因为他们不是一个同质的阶级。在米尔斯看来,由于新中产阶层缺乏团结,没有机会成为独立的集团或政党登上政治舞台,致使明显的中产阶层运动在美国政治舞台上并不存在。新中产阶层也没有公共地位,在政治上缺乏热情和目的,如果参与政治斗争,他们最多也只是站在大局已定的胜利者尾巴之后的"政治后卫"。[①]

(二) 中国中产阶层社会政治态度研究状况

正如前文所述,世纪之交以来,关于中国中产阶层的研究开始转到文化与政治领域,其中研究者关注的一个重要领域就是中产阶层的社会政治态度。概括来看,关于中国中产阶层社会政治态度,研究者所持有的观点主要有三种。

第一个观点描绘的是当前中国中产阶层社会政治态度的温和特征。持这一观点的学者将中产阶层视为社会的稳定器,他们中最具代表性的社会学家有陆学艺、李强、孙立平、周晓虹等人。陆学艺认为中间(中产)阶层规模大的社会是最稳定、最可持续发展的,因此中间阶层有促进中国经济发展、缓冲社会矛盾等多方面的积极

---

① 参见 C. 莱特·米尔斯《白领:美国的中产阶级》,周晓虹译,南京大学出版社,2006。

功能。① 周晓虹认为中产阶层是现代社会稳定的基石，中产阶层是维护中国政治稳定的一支重要力量。② 孙立平认为中产阶层在政治上被看作社会稳定的基础，在经济上被看作促进消费和内需的重要群体，在文化上被看作承载现代文化的主体。③ 李强指出在任何社会中，中产阶层都是维系社会稳定的最重要的社会力量。④ 总之，在这些学者看来，中国中产阶层对于现任政府和现存社会政治秩序的评价较为正面，与其他阶层并没有显著差异，这表明中产阶层没有改变现状的强烈动力。虽然，中产阶层批评指责当前住房、医疗、教育以及收入分配调节政策，但是并非意图攻击改变现有政治制度和秩序，而是企图影响政府决策者调整、修改或强化相关政策，从而进行更多的干预和管理。他们的国家权威意识以及对政府的信任度并不低。⑤ 此外，中产阶层也倾向于认为当前国家的各项制度是公平的，不倾向于认为致富的社会原因是"非法致富"或"不公平竞争的致富"，但在对政府的态度上，则表现出对政府不当行政的反对态度。⑥

第二个观点论证了截然不同的中产阶层政治态度——与其他各阶级阶层相比，当前中国的中产阶层社会批判意识渐趋显化，政治态度也并不保守。其中，新中产阶层更具有社会批判意识，更对政府和社会制度抱有怀疑心理，对政府工作的要求可能更严格，这是对现有社会的稳定运行形成潜在风险的原因。因此，没有理由认为

---

① 参见陆学艺主编《当代中国社会阶层研究报告》，社会科学文献出版社，2002。
② 参见周晓虹主编《中国中产阶层调查》，社会科学文献出版社，2005。
③ 孙立平：《中产阶层与社会和谐》，引自 http://www.eeo.com.cn/Politics/eeo_special/2007/05/07/603 55. html。
④ 李强：《转型时期中国社会分层》，辽宁教育出版社，2004，第34页。
⑤ 张宛丽、李炜、高鸽：《现阶段中国社会新中间阶层的构成特征》，《江苏社会科学》2004年第6期；周晓虹：《中国中产阶层调查》，社会科学文献出版社，2005；李春玲：《中产阶级的社会政治态度》，《探索与争鸣》2008年第7期。
⑥ 李培林、张翼：《中国中产阶级的规模、认同和社会态度》，《社会》2008年第2期。

中国中产阶层会是社会的稳定器，把扩大中产阶层当作社会稳定的必由之路的观点并不可靠。[①] 中产阶层的崛起往往伴随着与该阶层有关的社会冲突的蔓延，因此中产阶层的崛起往往意味着社会政治变革力量的出现。另外，在社会政治态度的引导上，中产阶层开始占据主导权，尤其是新中产阶层。虽然他们不拥有生产资料，却拥有权力资本和技术资本，他们在社会生产过程中，不但继续再生产着自己的权力和技术技能，而且再生产着影响整个社会的思想文化意识和社会舆论。从职业上说，中产阶层本身就是知识的生产、使用和再生产者，也是媒体和大众传播的主要操作者和受众。相对于农民阶层和工人阶层而言，新中产阶层的受教育程度等决定了其对媒体的依赖性和易接收性；相对于业主阶层和老中产阶层而言，他们的工作内容和精神追求容易与社会意识相关。虽然他们的经济收入远远高于农民阶层和工人阶层，但其改善生活状况的心理预期也远高于农民阶层和工人阶层，近些年城市房价飞涨、医疗费用和教育费用居高不下，大大阻滞了他们迅速提高生活水准的期望的满足；新就业的大学生，虽然成为白领，但其工资水平与所预期的人力资本回报相距甚远；另外，新中产阶层对腐败现象的敏感性，也增加了他们的"愤青意识"。这一切都是他们对现有社会的稳定运行形成潜在风险的原因。[②]

第三个观点则分析了当前中产阶层政治态度的内部差异。如果说前两个观点对于中产阶层政治态度的分析是基于中产阶层整体的话，那么一些学者的研究则指向了中产阶层的内部。例如，有研究指出，在体制内部门工作的中产阶层与党和政府有着密切的联系，当他们的权益受到侵犯时，他们会利用与党和政府的联系来保护自

---

① 张翼：《当前中国中产阶层的政治态度》，《中国社会科学》2008 年第 2 期。
② 张翼：《当前中国中产阶层的政治态度》，《中国社会科学》2008 年第 2 期。

身的利益。同时，在体制内部门工作的中产阶层享受着党和政府给予的利益，因此他们对政治体制有着更多情感上的认同。另外，由于在体制内部门工作，这一部分中产阶层往往有着较为强烈的政治主人翁意识，他们在政治态度上比较积极，关心党和国家大事。与此形成鲜明对照的是在体制外部门工作的中产阶层，由于缺乏与党和政府的联系，并且他们的经济地位主要来自市场机制，所以他们与国家权力的联系较为松散，当权益受到侵犯时，他们也没有可以利用的政治关系来保护自身的利益，只能依赖法律武器寻求保护。但是，在很多情况下，体制外的中产阶层选择了沉默，这与他们在政治事务上的冷漠态度是一致的，因为他们缺乏与党和政府的联系，也缺乏那种主人翁意识，所以他们的政治态度比较消极与被动。[①]

（三）研究走向

综上所述，无论是在西方还是在中国，对于中产阶层的社会政治态度，学者结论不一，这表明中产阶层社会政治态度的形成是复杂的，当然也表明站在不同的角度往往会得出相左的观点。正如赖特所指出的那样，中产阶层是很复杂、很矛盾的群体，他们的物质利益与资本家和工人都有关系，因此在不同情境和地位中会表现出不同的行为和态度。因此，研究中产阶层社会政治态度不能仅仅分析其是保守还是激进，应更多深入思考其何以可能，即从争论中产阶层社会政治态度的表现维度，转变为分析在什么样的社会环境中，中产阶层会彰显出什么样的社会政治态度，才更具有理论与现实意义。对此，一些学者注意到中产阶层的社会政治功能不是一成不变的，而是多元的，并且是随着社会环境与条件的变化而变化的。在

---

① 卢春龙：《中国新兴中产阶级的政治态度与行为倾向》，知识产权出版社，2011，第146页。

不同的国家、不同的历史条件、不同的社会背景下，中产阶层的社会政治功能是不尽相同的，有时甚至是截然相反的。中产阶层既有可能成为一个社会的"稳定器"，拥有不断增强社会稳定的力量，有效地缓冲和调节社会的矛盾与冲突，促进国家的长治久安；也有可能成为一个社会的"颠覆器"，影响现行社会制度的稳定，轰然或悄然地危害现行国家政权，变成现行社会政治制度的"掘墓人"；还有可能成为一个社会的"异化器"，或政治冷漠，成为消极无为而游离于政治之外的局外人，或政治偏执狂热，沦为法西斯主义等政治极端主义的社会温床甚至中坚力量。因此，简单地认为中产阶层社会政治态度温和保守或者激进变革，都会有失全面而得出错误的结论。

因此，从文献综述中本研究得到的启示是，不仅要思考正在成长中的中国中产阶层究竟有着什么样的社会意识与政治态度，更要回答在中国中产阶层的社会意识与政治态度是如何形成的。正如有研究者所提出的：对于中产阶层功能的探讨，更应分析在什么样的条件下，中产阶层会彰显出什么样的社会政治功能。因为，中产阶层的社会功能和集体行动的可能，受包括宏观因素（社会结构、历史发展阶段、文化传承、制度环境等）与微观因素（社会心态、社会情绪等）在内的诸多因素的影响。① 这表明，在不同历史时期、不同时代背景和不同社会情境下，中产阶层的社会政治态度会表现出差异，同时，中产阶层社会政治态度也存在内部的分化。就中国中产阶层而言，中产阶层兴起于社会转型这一特定历史背景下，其社会意识与政治态度，必定受到经济发展水平、社会利益格局、政治文化体制等多变量的影响，而这正是本研究拟重点探讨的问题。在这个分析思路下，对中产阶层社会政治态度进行研究，探讨中产

---

① 李友梅：《社会结构中的"白领"及其社会功能——以 20 世纪 90 年代以来的上海为例》，《社会学研究》2005 年第 6 期；李路路、李升：《"殊途异类"：当代中国城镇中产阶级的类型化分析》，《社会学研究》2007 年第 6 期。

阶层的崛起究竟会带来怎样的影响，更有理论价值与现实意义。

三　理论视角与研究假设

（一）经典理论视角

关于中产阶层的社会政治态度究竟是温和还是保守，学者长期以来形成截然不同的观点的一个重要原因，就是所持的理论视角不同。在社会分层研究中，一直以来就有冲突与功能这两个基本的理论范式。就冲突理论而言，其强调的是中产阶层冲突的一方面，视中产阶层为变革、激进、前卫的力量；就功能理论来看，则看到的是中产阶层在社会结构中的平衡、缓和功能，视中产阶层为保守、温和的力量。视角的不同导致结论存在差异，不过对于学者而言，同一社会阶级内部的成员是否形成共同的阶级意识、相互的群体认同，以及一致的社会政治态度，并在此基础上产生阶级行动，这是社会分层研究中的一个重要问题，同时也是争论激烈的问题。[①]

那么，一个阶级的阶级意识的形成受什么因素的影响呢？概括来看，上述分歧主要表现为社会分层理论两大流派之间的差异。

一是传统马克思主义强调社会存在决定社会意识，人们的客观经济地位决定着主观意识与态度。[②] 依据客观经济指标划分出的阶级被称为"自在阶级"，即在现实社会中实际存在着的阶级群体，当这些阶级的成员意识到了自身利益，并为追求自身利益而采取集体行动时，"自在阶级"就转变成为"自为阶级"。从"自在阶级"转变成为"自为阶级"需要一个过程，需要进行阶级意识的启发和组织动员。因此，传统马克思主义的阶级理论认为，客观经济指标划分

---

① 李春玲：《当代中国社会的阶层意识与社会态度》，《当代中国社会利益关系会议论文集》，2005。
② 邵军：《论马克思主义社会发展观的哲学基础》，《当代世界与社会主义》2010年第2期。

出的阶级阶层必定具有共同的阶级意识和社会政治态度。

二是与马克思主义阶级理论相左，韦伯主义不太赞同客观经济地位决定主观意识的观点。在韦伯的三维分层理论（经济分层、声望分层和政治权力分层）中，依据客观经济指标（人们在市场中的位置——市场能力）划分的阶级，与依据价值认同分类的身份群体可以是不一致的。在韦伯看来，人们的身份认同和社会政治态度更多地取决于身份群体归类（声望分层）而不是阶级归类（经济分层），主观意识与客观经济地位之间没有必然的、决定性的联系，当然更不可能形成所谓的阶级意识和阶级行动。[1]

对于上述社会分层研究中阶级意识究竟如何而来的分殊，社会学家似乎难以得出非此即彼的论证。一方面，不少研究者的研究发现，依据客观指标划分的阶级与人们的社会政治态度之间有一定的联系，即阶级归属对人们的价值态度有一定的影响。[2] 但是，二者的联系只是一定程度存在着的，并非绝对，这些研究者也难以证明在现实社会中存在着马克思所说的"自为阶级"——有着共同阶级意识并采取阶级行动的阶级群体。另一方面，还有许多研究者发现人们的社会政治态度并不是完全取决于他们所处的阶级位置，同时也受到其他的身份归属（如种族、民族、宗教信仰、性别及社会政治团体等）和行为实践（如生活方式和消费实践）的影响。[3] 因此，阶级归属（客观经济地位）与主观价值态度之间的关联程度，在不同社会、不同时期、不同文化传统和不同社会政治情境下都会有所

[1] 李春玲：《社会阶层的身份认同》，《江苏社会科学》2004 年第 6 期。
[2] 参见张翼《当前中国中产阶层的政治态度》，《中国社会科学》2008 年第 2 期；Wright, Eric Olin, *Class Structure and Income Determination* (Academic Press, 1979)；Giddens, Anthony, *The Class Structure of the Advanced Societies* (London: Hutchinson, 1973).
[3] Crook, Stephen, Jan Pakulski, And Malcolm Waters. *Postmodernization* (London: Sage Publications, 1992)；Beck, Ulrich. *Risk Society* (London: Sage Publication, 1992).

不同。

总体来看，对于阶级意识何以可能的研究，存在着上述两大理论视角的分殊，形成了两种截然不同的观点：一方认为当代社会的多元化特性使阶级结构决定主观意识的理论失效，阶级归属不再是影响人们主观意识的重要因素；另一方则强调，尽管身份多元化倾向在发展，但阶级归属仍然是影响人们价值态度的关键性因素。

（二）理论视角本土化

综上所述，经典理论为研究中产阶层的社会政治态度提供了重要的启示。但是，由于国情不同，中产阶层的特征也会有所差异，从而导致中产阶层的功能迥异。例如，托克维尔对美国和法国中产阶层的不同功能进行了比较。在美国，中产阶层酷爱财产所有权，追求财富增长，同时富有职业伦理和公共精神，以职业为天职、勤奋节俭、爱国、权利观念强、平等自由民主意识浓厚、信守法律（"爱法律如同爱父母"）、热心公共事务和民间社团活动，并有基督教这一"教条性"普遍信仰的规范和约束，因而本能地信守社会秩序，自然地希望社会安定，是社会的"稳定器"。而在法国，中产阶层崇尚"空谈"，大肆鼓吹"自由""平等""博爱""人权"等抽象而普遍的观念与理论，热衷于以简单化、理想化、绝对化、普遍化的方式对现实进行批判、对未来进行空想，鄙视改良道路，鼓吹彻底的改造和"革命"，因此中产阶层最为激进，自然就成为社会现行制度的"颠覆器"。①

因此，在中国中产阶层社会政治态度的研究中，仅仅基于经典理论视角分析问题是不够的，还需要理论视角的本土化转换，因为

---

① 参见胡联合、胡鞍钢《中产阶层："稳定器"还是相反或其他——西方关于中产阶层社会政治功能的研究综述及其启示》，《政治学研究》2008 年第 2 期。

理论的本土化是研究中理论联系实际的必然需求，所以回归中国现实，我们需要把中产阶层的社会意识与政治态度置于中国国情中。概括来看，当代中国社会有四个客观现实是我们研究中国中产阶层社会政治态度所不能忽视的方面。

1. 经济增长

经济发展与社会意识和政治态度有着密切的关系，这种关系有两种不同的解释。

第一，经济发展有利于提高人们对现有社会秩序的认可与维护。一般来看，经济发展能够使社会成员不同程度地获益，人们对该经济社会体制所持的基本态度是拥护。就中国而言，随着市场经济的快速发展，私营企业主、个体工商户等新的社会群体快速成长起来，并且从经济社会发展中获得了大量的利益。正如有观点所指出的那样，中产阶层是现代化和工业化的产物，没有经济快速的发展，没有工业化和第三产业的发展，没有市场经济的发展以及工业和服务业产业的大规模发展，没有快速的城市化进程以及高等教育的发展，就不可能有一个成规模的中产阶层出现。中国的中产阶层得益于高等教育的快速发展以及工业化、市场化和城镇化，在这个过程中，许多原本属于农民阶层和工人阶层的人和他们的子女都有机会成为中产阶层。也正是从这个意义来讲，当一个国家中产阶层占主导地位的时候，民主发展就会更好，政治民主改革就会更温和，社会就会更稳定。①

第二，经济发展有利于催化人们的民主意识，这使得民主与财富之间大体呈现一种正相关的关系。② 亨廷顿在《第三波：二十世纪

---

① 王春光：《中产阶级与中国的崛起》，http://www.21fd.cn/a/fengmianbaodao/linshi/201 4030765753.html。

② 参见李普塞特《政治人：政治的社会基础》，张绍宗译，上海人民出版社，1997，第二章《经济发展与民主》内容。

后期民主化浪潮》中进一步做出解释：多数富裕国家是民主国家，而那些欠民主的国家大多欠发达。民主与财富的相关性意味着向民主的过渡必定主要发生在那些中等经济发展水平的国家。因为，在穷国，民主不可能，在富国，民主化已经发生过了。在二者之间有一个政治过渡带。那些处于特定经济发展水平的国家最有可能民主过渡。①

经济增长为什么会导致民主化，亨廷顿强调在社会结构变迁中中产阶层的成长是最重要的因素。在他看来，"经济发展需要高度的城市化、识字率和教育水平。它也带来就业结构的变化，导致农民在规模和重要性上的下降，以及中产阶层和城市工人阶层的发展，后两个群体会不断要求在影响他们的政策上享有发言权和影响力。随着教育程度的提高，他们能够组织工会、政党和公民团体来促进他们的利益"。② 因此，"第三波民主化运动不是由地主、农民或产业工人（除了在波兰）来领导的，几乎在每一个国家民主化最积极的支持者都来自城市中产阶层"。③ 可以看出，伴随着经济的增长，社会结构发生了重大变化，中产阶层快速成长，他们的民主意识在强化。因此，通过中产阶层这一中间变量，经济增长与民主化之间呈现正相关的关系，这成为 20 世纪 70 年代以来，第三波民主化浪潮主要发生在威权主义国家或地区的重要原因。在韩国、菲律宾、西班牙、巴西，上述情境在重复地上演着，而在那些中产阶层规模较小的国家或地区，要么民主化不成功，要么民主政治不稳定。④

改革开放以来，中国经济实现了持续快速地增长，表 1-1 列出了 2001 年以来若干年份中国 GDP 增长情况，这一时期也是中国中产阶层受益于经济发展而快速崛起的时期。那么，在这样的环境下中

---

① 亨廷顿：《第三波：20 世纪后期民主化浪潮》，三联书店，1998，第 69~70 页。
② 亨廷顿：《第三波：20 世纪后期民主化浪潮》，三联书店，1998，序，第 4 页。
③ 亨廷顿：《第三波：20 世纪后期民主化浪潮》，三联书店，1998，第 77 页。
④ 塞缪尔·P. 亨廷顿：《第三波：20 世纪后期民主化浪潮》，三联书店，1998，序，第 77~78 页。

产阶层的社会政治态度是否会呈现出与经济发展相关联的特征呢，这也是本研究所要探讨的重要问题之一。

表 1-1　2001 年以来中国 GDP 增长率及人均 GDP

年　份	增长率（%）	人均 GDP（元）
2001	7.4	8621.71
2003	10.0	10541.97
2005	10.4	14185.36
2008	9.6	23707.71
2011	9.2	35197.79

注：资料来源于历年《中国统计年鉴》。

另外，从时间因素上看，中产阶层的社会政治态度随着时间变化也有可能发生变动。对此，亨廷顿曾指出中产阶层的政治功能会随着现代化的时间推移而逐步从革命走向保守。[①] 也就是说，随着时间的变迁，中产阶层会从最初的激进的"颠覆器"（革命者），慢慢钝化为后来的"稳定器"（保守者）。"事实上，追溯起来，中产阶层的进化可以分为好几个阶段。……首批出现的中产阶层分子是最革命的；但随着中产阶层队伍的壮大，它也变得较为保守。""实际上，中产阶层与稳定的关系，颇似富裕与稳定的关系一样，一支庞大的中产阶层队伍犹如普遍富裕一样，是政治上的一支节制力量。然而，中产阶层的形成却也像经济发展一样，常常是极不稳定的因素。"[②] 最早出现的中产阶层往往在政治上是激进的，后来出现的中产阶层成员则带有更多的官僚性和技术性，更注重商业，因此也就趋向保守。简而言之，中产阶层的社会政治功能"经历一个渐次保

[①]　塞缪尔·P. 亨廷顿：《变化社会中的政治秩序》，王冠华等译，上海人民出版社，2008，第 260~264 页。
[②]　塞缪尔·P. 亨廷顿：《变化社会中的政治秩序》，王冠华等译，上海人民出版社，2008，第 264 页。

守的过程，其队伍每扩大一次，就越趋于从革命转向稳定"。[1]

2. 社会流动

社会流动的放开成为中国社会三十余年间最显著的变化之一。根据对本研究所收集使用的 NSS、CGSS、CSS 调查近十年合并数据集的分析（见表1-2），[2] 有48.8%被调查者有过向上流动的经历，没有流动的为34.8%，而向下流动的为16.5%。可以说大规模的社会流动改变着人们的生命轨迹，释放着人们向上进取的活力，这也成为当代中国社会一个显著的特征。

表1-2 不同阶层社会流动情况

单位:%

阶　　层	社会流动状况			合　　计
	向上流动	没有流动	向下流动	
企业主阶层	91.7	7.9	0.4	100.0
新中产阶层	89.7	5.8	4.4	100.0
老中产阶层	59.0	35.8	5.2	100.0
工人阶层	38.2	50.3	11.5	100.0
农民阶层	0.2	69.8	30.0	100.0
无业失业者阶层	0.0	0.5	99.5	100.0
平　　均	48.8	34.8	16.5	100.0

注：$x^2 = 13556.898$，$p < 0.001$。

以往研究者注意到社会流动与阶级意识之间存在着关联，[3] 社会流动不仅会影响人们在社会结构中的位置以及社会资源和权力的分

---

[1] 塞缪尔·P. 亨廷顿：《变化社会中的政治秩序》，王冠华等译，上海人民出版社，2008，第275页。

[2] 本研究使用的 NSS、CGSS、CSS 合并数据集的介绍参见本章后文。本文引用数据若无标明出处，均来自对该数据的统计分析结果。

[3] Goldthorpe, J. H., Catriona Liewellyn, and Clive Payne, *Social Mobility and Class Structure In Modern Britain* (Oxford: Clarendon Press, 1980); Parkin, F., *Marxism and Class Theory: A bourgeois Critique* (New York: Columbia University Press, 1979); Giddens, Anthony, *The Class Structure of the Advanced Societies* (London: Hutchinson, 1973).

配格局，也会影响他们的生活方式、行为模式、认知态度和价值观念等。[①] 帕雷托认为精英生产越开放，统治阶级越有可能从底层阶级中招募成员，政治系统就越健康；当精英循环变慢，底层阶级中流动受阻的精英分子就会产生沮丧与不满情绪，从而开始支持推翻现有的统治阶级，革命就会发生。[②] 换言之，当社会不流动，资源高度集中在某些阶级手中的时候，其他阶级成员也就失去了流动的机会与空间，而易引发贫富分化与阶级成员之间的不满与冲突。

李普塞特的"意识形态上的平均主义"是社会流动与阶级意识的又一解释。李普塞特认为，普遍的社会流动是工业社会的产物和基本特征。20世纪，西方社会现代服务业迅速发展，许多工人、农民的子女的社会流动亦非常显著，大规模的职业流动产生了"意识形态上的平均主义"——它使许多社会底层相信，向上社会流动对他们自己和子女来说是可以实现的。而如果他们在经济上获得了成功，又将进一步促使他们相信社会是平等的。[③]

另外，一些研究表明，在一些亚洲国家和地区，由于社会流动机制的缺乏，社会成员间相互隔绝，使建立在种姓、教派和种族基础上的社会阶层结构僵化，没有形成"你中有我，我中有你"的相互依存关系，人们在日常生活中也缺少交往和沟通，从而彼此之间易于产生误解以及排斥和对立的心理。[④] 有的研究者具体分析了东亚国家和地区中产阶层社会政治意识，他们指出，东亚中产阶层的出现是在20世纪70年代之后的事，这些国家或地区的第一代中产阶

---

① 盛智明：《社会流动与政治信任：基于 CGSS 数据的实证研究》，《社会》2013 年第 4 期。

② Pareto, Vilfredo. *The Mind and Society*（New York：Dover, 1935），p. 1430 – 1431.

③ Lipest, Seymour M., Reinhard Bendix and Hans L. Zetterberg, "*Social Mobility in Industrial Society*", in Social Mobility in Industrial Society. Edited by Seymour. M. Lipest & Reinhard Bendix. University of California Press, 1959.

④ 参见张蕴岭主编《亚洲现代化透视》一书中社会现代化部分，社会科学文献出版社，2001。

层大多来自农民或工人家庭，经历过贫穷，因此这些国家的中产阶层在阶级情感上会接近劳工阶级，在处理劳资纠纷时，会倾向于支持劳工。[①]

总体来看，以往研究为我们呈现了社会流动与阶级意识的关联，社会流动为研究人们的社会意识提供了一个具有解释力度的视角。在这一视角下，我们看到当代中国社会流动的开放，使人们获得了向上流动的空间与机会，从而改变着人生命运。然而，正是在社会流动中，社会地位发生着变化，经历过社会流动的人们对于社会的感受与评价是否也会随着社会地位的变化而改变呢？从推论来看，我们有理由相信那些实现了向上社会流动的人们，对社会秩序更倾向于接受与维护；而那些向下流动的人们，对社会秩序更倾向于抱怨与不满。

3. 体制分割

在中国，制度空间把社会成员分割为体制内与体制外，二者享受的经济社会地位与权益存在明显的差异。有学者专门对此进行研究，并提出"体制权力"——公共部门所拥有的公共资源处置权力加以解释，其实质是公共部门（包括公共权力机关、公共事业单位和国有企业）将公共资源转化为群体或个人的利益，在市场经济体制之外所形成的一种利益资源配置不平等。就中产阶层而言，在理论上存在完全依靠体制获取社会利益的中间阶层群体，也存在完全依靠市场体制获取社会利益的中间阶层群体，从而形成了"双色蛋糕"异质化特征的中产阶层构成，导致他们中各群体的利益分化与冲突。[②]

---

① 萧新煌、王宏仁：《从东亚到东南亚的中产阶级研究：理论与经验》，载李春玲主编《比较视野下的中产阶级形成：过程、影响以及社会经济后果》，社会科学文献出版社，2009。
② 张伟：《"双色蛋糕"：中间阶层的异质化特征》，《社会》2006 年第 2 期。

事实上，有研究者注意到中产阶层内部不同群体存在着政治态度上的明显分化，一个重要的分化就是拥有不同权力资源的中产阶层的政治态度往往呈现分化与差异，中产阶层的政治态度与其所处的权力架构密切关联。[①] 与上述逻辑相似，有研究者指出从社会结构变迁的视角来看，中国中产阶层的形成一方面是改革开放与市场经济导入的结果，另一方面又不可避免地带有传统再分配体制的痕迹。也就是说，中国中产阶层的形成经历了两条道路：一条称为"内源"道路，主要是指更多延续再分配体制特征的中产阶层；另外一条可称为"外生"道路，主要是指由于市场的兴起，在更加市场化的体制中产生发展的中产阶层。这两个区别很大的中产阶层群体，处于不同的制度背景下，有不同的阶级经历，从而形成不同阶级性格。具体来看，在政治意识方面，"内源中产阶层"和"外生中产阶层"相比，前者较为保守，后者较为激进。[②]

总之，就目前而言，中国中产阶层在社会结构中所处的位置包括两个维度：一是从纵向上看，中产阶层处于社会中间位置；二是从横向上看，制度分割将中产阶层分为体制内与体制外两个部分，分析二者社会政治态度的差异，是极富中国化色彩的视角，这也是本研究重要的视角。

4. 利益分化

利益受损导致阶级间的冲突，这是马克思主义阶级学说的经典立场。无产阶级受到剥削因而富有革命性的学说，影响着20世纪整个世界范围内的无产阶级革命运动。事实上，一个阶级的利益的获得或损害，会直接影响这个阶级的情绪与态度。对此，韦伯也曾指

---

① Savage, M., Barlow, J., Dickens, P. & Fielding, T. Property, *Bureaucracy & Culture - Middle - Class Formationin Contemporary Britain* (London & New York：Routledge，1992)，p. 194 - 195.

② 李路路、李升：《"殊途异类"：当代中国城镇中产阶级的类型化分析》，《社会学研究》2007年第6期。

出当权力、财富和声望高度相关时，那些被排挤出权力、财富和声望中的人会变得愤怒，而易于选择冲突的方式。①

1978 年中国改革开放之后，社会各阶层从经济发展中普遍获得增益，经济增长创造的财富，让大多数人的日子得到了改善。但是进入 90 年代以后，尤其是世纪之交以来，这种改革开放为公众普遍带来增益的格局发生变化，在一部分社会成员从经济发展中获益的同时，另外一部分社会成员开始出现损益。这种利益的分化，突出表现为社会财富分化出现鸿沟。根据国家统计局的家庭调查资料，2000~2007 年间，中国城镇 10% 最高收入户的家庭年人均收入从 11299 元增加到 29479 元，增长了 1.6 倍；同期 10% 最低收入户的家庭年人均收入从 3132 元增加到 5364 元，增长了 0.7 倍（图 1-1）。目前，中国基尼系数高于所有发达国家和大多数发展中国家，处于历史最高点，中国居民收入差距已超过合理限度。②

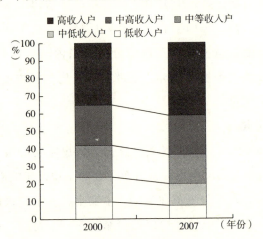

图 1-1 2000 年以来中国城镇家庭收入增长情况

资料来源：国家统计局编《2008 年中国统计提要》。

---

① 乔纳森·H.特纳：《社会学理论的结构》，吴曲辉等译，浙江人民出版社，1987。
② 李欣欣：《校准分配领域的效率与公平》，《瞭望》2008 年第 5 期。

　　日益扩大的利益差距的合理性与合法性，近年来不断引起公众的质疑，这突出表现在对财富阶层的抨击上：2003 年民营企业家的"原罪"在民间引起了广泛的争论；2004 年郎咸平揭示格林柯尔系的老板顾雏军在"国进民退"中，驾驶"资本绞肉机"，仅用数亿元即换取总值达 136 亿元的国有资产，提出 20 多年来的"国企改革无非是一场瓜分国有资产的盛宴"，在公众中引起了强烈的反应与争论；2008 年以居胡润"中国富豪榜"第一位的国美电器董事局主席黄光裕因涉嫌经济犯罪被警方拘查事件为标志，众多企业家因经济问题或社会责任问题成为众矢之的，使得 2008 年被称为"企业家沦陷年"……这些对财富阶层的抨击与目前的利益差距及分化是不无关联的，同时更重要的还在于，近年来，中国社会底层有所扩大，财富阶层壮大与社会底层扩大二者之间存在着关联——财富阶层的壮大在一定程度上是以社会底层扩大为代价的，这表明改革开放以来经济社会发展对于各阶层"增益"的格局发生了很大的转变，即利益相关阶层之间的关系一定程度上已经从增益转变为零和关系。正如相关数据所表明的，2000 年以来中国社会底层的扩大与城市化进程中的征地拆迁有关，而这与中国房地产业的快速发展相关联。在胡润中国富豪排行榜中，① 富豪最集中的行业也是房地产业。一些房地产商与部分政府官员相勾结，暴力拆迁，低价拿地，导致失业者增加。正是由于一些富豪和高收入群体的财富积累往往与政府腐败、官员受贿及行业垄断联系在一起，因而引起了民众不满情绪和强烈的不公平感，从而在普通民众当中出现了"仇富心态"。②

　　根据对数据的初步统计（表 1-3），有 28% 的被调查者遭遇过利益受损，其中新中产阶层有 44.8%，老中产阶层有 29%。当然

① 胡润中国富豪排行榜参见 http://www.hurun.net/。
② 胡建国、李春、李炜：《当代中国社会阶层结构》，载陆学艺主编《当代中国社会结构》，社会科学文献出版社，2010。

这里面涉及一个问题，就是利益受损不仅是人们的现实遭遇，同时也是人们的主观感受，二者可能存在不一致。有些人没有遭遇利益受损，却感受到了利益受损；有些人遭遇到了利益受损，却没有察觉到。在同样的问题上出现了利益受损，有些人感受不到，有些人却能感受得到，这与人们的社会位置有关。这也是表 1 - 3 中新中产阶层感受到利益受损的比例高达 44.8%，而农民阶层仅为 13.4% 的原因所在。我们有理由相信，社会成员的利益是得到增加，还是受到损害，必然会对他们的社会意识产生影响。当利益得到增加和维护时，他们对现有的社会秩序必然是认可与维护；反之，当利益受到侵犯与损害时，他们对现有的社会秩序必然是不满甚至是对抗。

表 1 - 3   不同阶级利益受损情况

单位:%

阶层分类	利益受侵犯情况		合　计
	没有过	遭遇过	
企业主阶层	79.2	20.8	100.0
新中产阶层	55.2	44.8	100.0
老中产阶层	71.0	29.0	100.0
工人阶层	76.5	23.5	100.0
农民阶层	86.6	13.4	100.0
无业失业者阶层	71.1	28.9	100.0
平　均	72.0	28.0	100.0

注: $x^2 = 1168.913$, $p < 0.001$。

(三) 研究假设

因为上述当代中国社会四个基本现实与中产阶层社会政治态度之间存在着因果关联，而从理论上看这种因果关联也不同程度地被理论家所提及，所以，本研究提出如下研究假设。

H1：经济增长与中产阶层社会政治态度正相关——受益于经济增长，中产阶层社会政治态度更呈现温和保守的特征。

这一研究假设事实上是对西方关于中产阶层是社会稳定力量的经典理论的中国化检验。自亚里士多德以来，许多西方学者对中产阶层是维护社会秩序的力量深信不疑，这也是许多中国学者在对中国中产阶层的功能考察时所持的观点。这些观点的最重要论据就是中产阶层受益于现行的经济社会制度，他们没有理由反对给他们带来利益的制度。当然，我们也看到另外一种截然相反的观点，就是经济的增长，在造就中产阶层壮大的同时，也会催生他们的民主意识，对中产阶层而言，他们对传统社会秩序并不是天生持有维护的态度，相反改造与变革是他们的基本态度。对此，关于经济增长与中产阶层社会政治态度之间究竟是什么样的关系，本研究拟通过实证展开检验。

H2：社会流动方向与中产阶层社会政治态度正相关——向上流动的中产阶层的社会政治态度更倾向于温和保守。

这一研究假设是对社会流动与社会意识关系的中国化检验。正如以往研究中学者所关注到的社会流动状况对于人们社会意识有着重要的影响，向上流动的人们更倾向于对现有社会秩序认同与维护，而向下流动的人们对现有社会秩序更不满与批判。改革开放三十余年，大规模的社会流动造就了中国中产阶层的崛起，那么社会流动与中产阶层社会政治态度存在什么样的关联，这是研究中国中产阶层社会政治态度不能不关注的问题。

H3：体制分割塑造着中产阶层社会政治态度的内部差异——体制内中产阶层的社会政治态度更倾向于温和保守。

从体制空间来看，1978 年之前的中国社会是总体性社会，[1] 人

---

① 孙立平、王汉生、王思斌、林彬、杨善华：《改革以来中国社会结构的变迁》，《中国社会科学》1994 年第 2 期。

们基本上处于制度之内，因此体制造成的差异与不平等对于大多数人而言是不明显的。并且，在强大的政治意识形态下，体制内与体制外的人们的社会政治态度呈现同质性的特征。但是，在1978年之后，随着体制内成员向体制外剥离，体制外成员的规模不断扩大，二者无论是经济地位还是职业声望，差距日益明显。这种体制内外的差距同样存在于中产阶层内部群体之间，那么这对于体制内与体制外的中产阶层群体的社会政治态度又意味着什么，这是本研究假设要探讨的问题。

H4：利益分化与中产阶层社会政治态度相关——遭遇过利益受损的中产阶层的社会政治态度更倾向于激进变革。

正如有研究者所关注到的，在中国经济社会转型过程中，利益格局由最初的普遍增益关系开始转向零和关系，一些社会群体获益是以侵犯另一些社会群体的利益为前提的，这使得一些社会成员产生"相对剥夺感"甚至是"绝对剥夺感"。在社会心态上，"仇富仇官"心态蔓延开来；在社会行动中，群体性事件不断发生。对此，本研究提出中产阶层社会政治态度与个体是否遭遇过利益受损相关，事实上也是想对当下中国现实做出回应。

四 研究设计

(一) 分析框架

客观地位决定着阶级意识，这是马克思主义阶级分析的基本主张，也是以往研究中产阶层意识的研究者的基本逻辑。本研究基于本土化的视角，提出了需要检验的四个研究假设，实质是想多维度地剖析中产阶层社会政治态度背后的影响机制。因此，在原有客观存在决定主观意识的思路基础上，本文拟以经济增长、社会流动、体制分割和利益分化这四个维度为切入点，进一步分析中国中产阶层的社会政治态度。图1-2是本研究所建构的分析框架。通过图1

-2可以看到本研究在对传统理论回应的基础上，将对中产阶层社会政治态度进行进一步本土化的探讨。

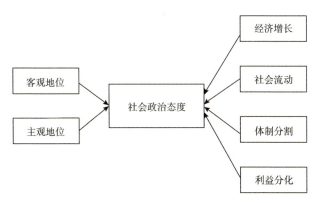

图1-2　中产阶层社会政治态度分析框架

总体来看，中产阶层的经济社会地位在整个社会阶层结构中处于中间位置，同时在中产阶层内部存在着群体间的差异，另外中产阶层成员的个体成长经历也会塑造他们的意识态度。所以，我们很难用静态的二元观点（温和或者激进）去把握中产阶层社会政治态度。事实上，在不同的情境下，中产阶层社会政治态度呈现出来的特征会有所不同，多种因素的共同影响与作用塑造着中产阶层的社会政治态度。沿着这样的逻辑，我们能更好地把握中产阶层社会政治态度。

（二）核心概念界定

本研究涉及的核心概念是社会政治态度，如何将研究概念准确地转化为可操作变量，这是研究开展的基础性工作。对此，本研究在以往研究的基础上，同时基于 NSS、CGSS、CSS 数据有关问题设计了社会政治态度变量。

所谓社会政治态度，是指人们对社会和政治的基本态度，具体来看则分别指人们对社会领域中社会问题的社会意识，对政治领域中政治问题的政治态度。

1. 社会意识

所谓社会意识，是指人们对社会存在的主观反映。[①] 马克思指出社会意识是"人们对社会存在即社会物质生活及其过程的反映，包括各种社会意识形式和社会心理……社会心理是直接与日常社会生活相联系的一种自发的、不定型的意识。社会意识形式是反映社会存在的比较自觉的、定型化的意识。[②] 社会意识是社会多数人共有的意识现象，是在一定社会条件下为多数成员所共有的一种现象。一些古典学者曾用自己的概念来概括社会意识，例如杜尔克姆的"集体再现"，涂尔干的"集体意识"，马克斯·韦伯的"时代思潮"，弗罗姆的"社会特征"，等等。社会意识产生于社会生活，反映的是一种社会存在与状况，又现实地存在和为多数人所感知。因此，社会意识对社会具有凝聚的作用，成为社会整合的某种黏合剂，并由此成为一种社会合力。在本研究中，社会意识作为对社会存在的具体反映，指经济社会生活中人们对现实社会问题的意识。由于本研究最主要的数据来源是 NSS、CGSS、CSS 调查，因此参照这些调查中有关社会意识的变量，本研究对社会意识概念的分析主要在如下五个方面。

第一，主观地位认同，主要是人们对自己的社会地位的主观评估。

第二，社会发展受益感受，主要是人们对自己在经济社会发展中受益程度的判断。

第三，社会公平感受，主要是人们对社会公平程度的判断。

第四，社会矛盾冲突，主要是人们对社会矛盾激化与社会稳定

---

① 《中国大百科全书》哲学卷，中国大百科全书出版社，1987，第 753 页。

② 《马克思恩格斯选集》第 1 卷，人民出版社，1972，第 30 页。

的判断。

第五，生活压力感受，主要是人们对在民生问题上面临的压力的判断。

2. 政治态度

政治态度是指人们从社会心理的角度对社会政治领域事件的基本态度，包括社会成员对于国家和社会制度的认同，对政府的评价，以及对其自身在政治生活中的地位和作用的认识。在现实政治生活中，人们的政治态度与政治行为之间存在着关联，虽然这种关联并非态度决定行动这样简单，不能简单地用政治态度来推断政治行为，然而政治态度作为重要的政治心理现象，在一定的条件下对政治行为是有着重要影响的。因此，学者还是从不同维度对政治态度展开研究。

与政治态度相关的概念是政治文化。阿尔蒙德与维尔巴认为，当提到一个社会的政治文化时，一般所指的是在其国民的认知情感和评价中被内化了的政治制度，因此，政治文化一词代表着特定的政治取向。对于政治制度及其各个部分的态度，当我们不以跨文化比较作为研究目的，而仅仅考察某一民族在特定时期所流行的一套政治态度、信仰、情感时，政治文化基本等同于政治态度。为了量化研究政治态度，阿尔蒙德与维尔巴从政治取向模式和政治目标分类两个方面对政治态度概念进行了操作化定义：就政治取向模式而言，包括认知取向、情感取向和评价取向；就政治目标分类而言，包括政治体系（即特定角色和结构及角色承担者等）、输入目标（即公众对政治体系的政策诉求）、输出目标（即政策贯彻和实施的结果）和自我政治角色（即个体作为政治制度中的一员而对自身的理解）。[①]

---

① 布里埃尔·阿尔蒙德、西德尼·维尔巴：《公民文化》，徐湘林译，华夏出版社，1989。

参照本研究使用的 NSS、CGSS、CSS 调查中有关政治态度的变量，本研究对政治态度概念的分析主要是在如下三个方面。

第一，政府工作评价，主要是人们对政府工作的总体评价。

第二，政治改革诉求，主要是人们对政治体制改革的意愿。

第三，民主意识程度，主要是人们对民主意识的程度。

（三）研究数据

定量研究离不开数据的支撑。本研究使用的数据为中国社会科学院"当代中国社会结构变迁研究"课题组全国社会调查、中国人民大学国家数据中心"中国综合社会调查"（CGSS）、中国社会科学院"中国社会状况综合调查"（CSS）2001～2011 年间的调查数据，本研究使用这些调查在 2001 年、2003 年、2006 年、2008 年和 2011 年这 5 个年份调查的数据。上述调查，尤其是 CGSS 和 CSS 调查是全国范围内的大型、持续性的抽样调查项目。近年来，随着 CGSS 和 CSS 调查的持续开展，将历年调查合并为新的数据集来进行研究成为可能。[①] 这种研究方法的优点在于：一是可以增大案例量，使研究更接近事实；二是增加不同年份的调查案例，可以进行历时性的分析。对此，本研究将上述年份调查数据合并为新的数据集以供研究使用。通过合并本项目共得到 24759 个有效案例，其中男性占 50.3%，女性占 49.7%；平均年龄为 44.97 岁，年龄标准差为 13.56 岁；受教育年限为 8.57 年，受教育年限标准差为 4.28 年。

[①] 将历年 CGSS 调查合并为新的数据集来进行研究的成果，如李春玲《"80 后"的教育经历与机会不平等——兼评"无声的革命"》，《中国社会科学》2014 年第 4 期；李春玲：《教育不平等的年代变化趋势（1940—2010）——对城乡教育机会不平等的再考察》，《社会学研究》2014 年第 2 期；刘军强、熊谋林、苏阳：《经济增长时期的国民幸福感——基于 CGSS 数据的追踪研究》，《中国社会科学》2012 年第 12 期；谢桂华：《农转非之后的社会经济地位获得》，《社会学研究》2014 年第 1 期等。

（四）分析模型与变量操作

本研究分析的对象是中产阶层社会政治态度。作为因变量，中产阶层社会政治态度可以转化成两种测量变量：一是连续变量（如主观地位认同），二是定类变量（如是否有民生压力感受）。对此，本研究分别用多元线性回归方程和 Logistic 回归方程分析中产阶层社会政治态度的影响因素。变量定义及操作见表 1-4。

表 1-4 变量定义及操作

变量名称	定义及操作
性别	被访者性别。0=女，1=男
年龄	被访者年龄。连续变量
受教育年限	受教育年限。连续变量
收入	最近一年收入分组。1=高收入组，2=中高收入组，3=中等收入组，4=中低收入组，5=低收入组
主观地位	本人社会经济地位在本地大体属于哪个层次的判断。1=社会上层，2=社会中上层，3=社会中层，4=社会中下层，5=社会下层
客观地位	新马克思主义阶级分类 1=失业无业者阶级，2=农民阶层，3=工人阶层，4=老中产阶层，5=新中产阶层，6=资产阶级
社会流动	流动距离=现客观地位减去初职时客观地位。连续变量
经济增长	调查年份经济增长水平，具体见表 1-1
体制分割	就业部门是否在党政机关国有企事业单位。0=体制外，1=体制内
利益受损	个人是否遭遇政府有关部门乱收费、学校乱收费，或征地/拆迁/移民补偿不合理，或因看病治病和医院发生纠纷，或政府人员司法不公执法粗暴，或下岗没有得到妥善安置，或与老板（或单位）发生劳动纠纷，或社会保障纠纷，或环境污染影响居民生活，或买到假冒伪劣产品使生产生活受到损失等问题。0=没有遇到，1=遇到过

续表

变量名称	定义及操作
发展受益感受	与五年前相比生活水平变化。 0 = 没有上升或下降，1 = 上升
社会公平感受	社会公平状况判断。 0 = 公平，1 = 不公平
社会冲突判断	社会是否存在冲突。 0 = 没有冲突，1 = 有冲突
民生问题压力	目前您或您家庭是否遇到下列压力：住房条件差，建/买不起房；子女教育费用高难以承受；子女管教困难十分累心；医疗支出大，难以承受物价上涨，影响生活水平；家庭收入低，日常生活困难；家人无业、失业或工作不稳定；赡养老人负担过重；个人工作负担重吃不消；社会风气不好，担心被欺骗和家人学坏；社会治安不好，常担惊受怕。 0 = 没有，1 = 有
政府工作评价	对当地政府工作的总体评价。 0 = 不好或一般，1 = 好
政治改革态度	对政治体制改革的态度。 0 = 没有好处，1 = 有好处
民主意识	老百姓对国家和地方的大事有直接的发言权或决定权才算是民主；或老百姓就应该听政府的，下级应该听上级的。0 = 同意，1 = 不同意
社会信心	未来5年您觉得您的生活水平会有什么变化。 0 = 没变化或变坏，1 = 变好

（五）研究内容安排

在以往研究的基础上，本研究追溯中产阶层社会意识与政治态度的研究文献与思路，提出研究假设，构建研究设计，研究当前我国中产阶层社会政治态度状况、特征与影响因素，进而探讨其对社会政治秩序变革的影响。具体内容安排如下。

第一章：绪论，包括问题提出、研究意义、文献综述、理论视角与研究假设、研究方法等内容。

第二章：发展获益感受，主要研究中产阶层发展获益感受及影响机制。

第三章：主观地位认同，主要研究中国中产阶层主观地位认同状况及影响机制。

第四章：民生压力感受，主要探讨中国中产阶层面临的民生压力感受及其影响机制。

第五章：社会冲突感受，主要分析中国中产阶层对社会冲突的感受及影响机制。

第六章：社会公平判断，主要分析中国中产阶层对社会公平的判断及影响机制。

第七章：政治意识，主要关注中国中产阶层民主意识程度，对政府的评价和对政治改革的态度及影响机制。

第八章：社会信心，主要探讨中国中产阶层的社会信心及影响机制。

第九章：研究总结，主要是对本研究的主要结论展开讨论。

第二章　中国中产阶层崛起与构成

　　1978 年中国拉开改革开放的大幕。作为当代中国经济社会发展的一次深刻而重大的转型，改革从经济领域迅速波及社会、政治、文化等领域。通过改革开放，中国工业化、市场化、城市化快速推进，这加快了中国从传统农业社会向现代工业社会的转型，从计划经济体制向社会主义市场经济体制的转轨，这种转型与转轨所释放的活力极大地推动着经济社会的发展。所有这些变化使原有的社会阶层结构出现分化，其中中产阶层的崛起尤其引人关注。

一　中产阶层界定

　　中产阶层是指那些对劳动、工作对象拥有一定的支配权，收入状况较好，生活状况体面，具有较高公民、公德意识及相应修养，社会地位处于社会中间位置的群体。中产阶层包括两部分群体，一部分是以从事脑力劳动为主的群体，通常被称为新中产阶层，另一部分主要是中小业主，他们雇佣少量劳动者或自雇从事生产经营，通常被称为老中产阶层。一般来看，人们在概念上对谁是中产阶层没有太多的争议，但是在现实生活中达到什么样的条件才算得上是中产阶层，往往存在较大的分歧，这也是近年来人们研究中产阶层的热门话题，尤其是对中产阶层收入的研究，因为社会公众以及许多专家学者是以收入为标准来界定中产阶层人群的，在许多人看来，只有达到较高收入和消费水平的人才能算是中产阶层。

事实上，一般很少有社会学家单纯用收入来界定中产阶层，而更多采用收入之外的其他多元指标来界定，当然这又涉及对社会分层的操作。概括来看，当代学者进行中产阶层研究时主要是基于新马克思主义和新韦伯主义这两大社会分层理论（见表 2-1）。一方面，基于新韦伯主义理论中多元的阶级分类指标，一批研究者从多维角度对中产阶层进行了界定。陆学艺所领导的"中国社会结构研究变迁"课题组利用 2001 年 NSS 数据，以职业为基础，参照组织资源、经济资源和文化资源这三种资源对中国社会阶层进行了划分，测量出其中的中产阶层规模约为 15%。李春玲利用同样的数据，基于职业、收入、消费和主观认同指标，算出中国中产阶层规模比例占 4.1%，其中大城市中产阶层占比明显高于全国，占 12%。利用 2005 年全国 1% 人口抽样调查数据以及 2006 年 CSS 数据，李春玲基于 EAMC 阶级分类框架，估算出的全国中产阶层的比例大约是 30%，核心中产阶层是 8%～9%；李培林、张翼基于职业、收入和文化水平标准，对 2006 年 CSS 数据进行分析，结果显示核心中产阶层占 3.2%，半核心中产阶层占 8.9%，边缘中产阶层占 13.7%，合计 25.8%。周晓虹利用五大城市电话调查数据，基于经济条件、职业和文化水平，测算出来的城市中产阶层规模比例为 11.9%。另一方面，基于新马克思主义阶级分类框架，张翼（2008）利用 2006 年 CSS 数据测算全国中产阶层所占比例为 21.91%，其中，老中产阶层为 14.14%，新中产阶层为 7.77%。表 2-1 列出了研究者在对中国中产阶层界定时的主要指标比较。

从表 2-1 来看，对于中国中产阶层的界定，无论是基于新韦伯主义，还是基于新马克思主义，研究者大多采取多元指标的分类方法。其中，基于新韦伯主义的研究关注的是职业、收入与文化指标，而基于新马克思主义的研究强调的是生产资料资产、组织资产和文

表 2 - 1　中国中产阶层界定的主要指标比较

基于新韦伯主义视角		职业	经济	文化	权力	主观认同	消费
	基于新马克思主义视角		生产资料	技术资本	组织资本		
陆学艺①		√					
李强②		√					
周晓虹③			√	√			
李培林、张翼④		√	√	√			
张建明、洪大用等⑤		√	√	√			
李春玲⑥		√	√	√		√	√
刘欣⑦					√		
	张翼⑧		√	√	√		

注：为了便于比较新韦伯主义与新马克思主义者对中产阶层标准的界定，表中将新马克思主义者使用的生产资料、技术资本与组织资本这三个指标分别对应新韦伯主义者利用的经济、文化与权力三个指标。

化资产指标。总体来看，研究者大多采用新韦伯主义多元指标的框架展开研究，基于新马克思主义理论框架的研究则甚少。在不同的理论视角下，研究操作方法不同，结果自然存在差异。同时，即使在相同的理论视角下，由于研究者测算中产阶层指标的不同，测量

① 陆学艺主编《当代中国社会阶层研究报告》，社会科学文献出版社，2002。
② 李强：《关于中产阶级的理论与现状》，《社会》2005 年第 1 期。
③ 周晓虹：《中国中产阶级：现实抑或幻象》，《天津社会科学》2006 年第 2 期。
④ 李培林、张翼：《中国中产阶级的规模、认同和社会态度》，《社会》2008 年第 2 期。
⑤ 张建明、洪大用、郑路、吴善辉：《中国城市中间阶层的现状及其未来发展》，《中国人民大学》1998 年第 5 期。
⑥ 李春玲：《当前中国人的社会分层意识》，《湖南社会科学》2003 年第 5 期；李春玲：《断裂与碎片：当代中国社会阶层分化实证分析》，社会科学文献出版社，2005。
⑦ 刘欣：《中国城市的阶层结构与中产阶层的定位》，《社会学研究》2007 年第 6 期。
⑧ 张翼：《当前中国中产阶层的政治态度》，《中国社会科学》2008 年第 2 期。

的结果也存在着差异。但是，基于不同理论视角下研究结果差异要小于基于同一理论视角下测量方法的差异，如利用 2006 年 CSS 数据，但基于新马克思主义和新韦伯主义这两种不同理论框架下的测量结果的差异性集中在 20% ~ 30% 之间。而在同样的理论框架内，由于测量指标的取舍差异，测量结果的差异性则是很离散的，如利用 2001 年全国调查数据，测量指标不同，结果也分布于 4% ~ 15% 之间。这种情况表明，相比于理论之间的不同，操作指标的差异对研究结果的影响更为明显。因此，研究者对于中国中产阶层规模的测算产生差异的主要原因不是理论流派的分殊，而是操作指标的差异。一般来看，测量的指标越多，对中产阶层的限定就越窄，测量出来的规模结果就越小。

　　另外，还需要指出的是，关于社会分层目前研究者大多采用新韦伯主义视角下的多元社会分层技术方法。但是，许多研究者用这一方法划分出来客观阶级位置后，发现用其来测量不同阶层群体的社会意识差异时，多数情况下结果没有显著性的差异。相反，张翼基于新马克思主义的阶级分类方法，划分出来的客观阶级位置对于分析不同阶层群体的社会意识差异，具有显著的解释力。这种情况的出现主要与新马克思主义阶级分类学说更倾向于阶级关系与阶级意识有关。因此，本文沿用新马克思主义阶级分类方法对中产阶层进行操作。新马克思主义阶级分类主要按生产资料、雇佣规模、组织资本、技术资本将阶级划分为 12 大类阶层。张翼在此基础上，新增加了一个阶级类别，即农民阶层。本文在此基础上进行改造，加入失业无业者阶层，因为在对调查数据的分析中发现这是一个规模相当大的阶层群体，对此极有必要进行单独考察。图 2 - 1 是基于新马克思主义阶级分类框架，利用 2008 年调查数据对中国阶级的分类。

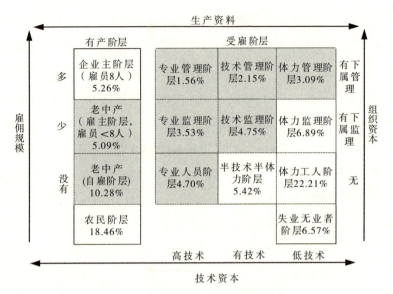

图 2-1 新马克思主义阶级分类框架

二 中国中产阶层的崛起

(一) 20 世纪 80 年代: 中产阶层的出现

20 世纪 80 年代是中国中产阶层开始出现的时期。1978 年至 1984 年是原有计划体制的"解冻期",这一时期中国改革的重点在农村——1978 年农村开始推行家庭联产承包责任制,极大地激发了农民的生产积极性,收入快速增加。据统计,1978~1984 年间,农村居民人均纯收入增长了 165.9%。[①] 同时,国家政策也放开了农民从事多种经营的空间,使得原来都是同等社员身份、有着同样收入的农民分化成不同类型的从业者,各种"专业大户"由此而生。在城市,这一时期大规模的经济改革还没有开始,城市经济仍以公有制经济为主。但为解决城镇就业问题,政府出台了发展个体经济的

---

① 国家统计局:《2005 年中国统计年鉴》,中国统计出版社,2005。

政策，在 1982 年颁布的《中华人民共和国宪法》中更是明确了个体经济的合法地位，① 个体户开始迅速成长。据统计，1978～1981 年间，全国个体户从 14 万人发展到 227.9 万人，增长了 15 倍。总体来看，1979～1984 年间，城乡间出现的大量个体户成为后来老中产阶层的主要来源。

1985 年以后，中国改革的重心由农村转向城市，其重点是扩大国营企业的自主权，推行国有企业承包责任制。这一时期颁行的《国营企业实行劳动合同制暂行规定》《全民所有制工业企业法》等法规，改变了计划体制下厂长与工人的平等地位：国有企业厂长、经理有了自主经营权，开始由行政干部转向职业经理人。这一阶段，非公有制经济在快速发展，并产生了一些新的职业群体；个体户的数量大大增加，形成了一个特殊的小业主阶层，其中一些成员逐渐成长为私营老板，从而私营企业主阶层开始出现。此外，这一时期大量外资引进，一些跨国公司、外资企业进入中国，这些企业的中高层管理人员、专业技术人员形成了一个高收入的白领群体；在乡村，乡镇企业如雨后春笋般出现，造就了大量的"农民企业家"（他们在 1990 年代中后期的乡镇企业转制过程中，大多转变为企业主或持股人）。在这样的背景下，以中小企业主、企业经理人员、专业技术人员等为代表的中产阶层开始出现。

（二）20 世纪 90 年代：中产阶层的显现

20 世纪 90 年代是中国社会结构显著变化的重要阶段。这一时期，社会经济不平等程度快速增强，经济收入趋于两极分化；经济改革之前的社会阶层结构基本解体，新的社会阶层结构显现出来；

---

① 1982 年颁布的《中华人民共和国宪法》第十一条规定："在法律规定范围内的城乡劳动者个体经济，是社会主义公有制经济的补充。国家保护个体经济的合法的权利和利益。"

同时，新的社会分层规则——经济分层、人力资本效应和科层权力分化——取代了原有的制度分层和政治标准。

1992 年初邓小平的"南方视察讲话"和随之而来的中共十四大，确定了社会主义市场经济体制，使得经济改革进入一个新的深化阶段。这一阶段的一系列改革举措引发了社会利益关系的重大调整和资源的重新分配，加剧了社会阶层分化的趋势。市场经济的改革取向引发了私营经济的大规模增长和私营企业主阶层的快速壮大。据统计，1992 年的私营企业户数为 13.9 万户，比 1991 年增加了 29.5%，到 1999 年则超过了 137 万户，是 1991 年的 12.7 倍。[①] 引发私营经济快速发展的因素，除了市场化改革之外，也有 1990 年代中后期施行的公有制企业改革，城镇国有企业的"抓大放小"和乡镇企业的改制。伴随着公有产权的大规模私有化，一批原有的国有企业和集体企业的经营管理者通过对企业的收购和持股，转变为大中型私营企业的老板。他们加入私营企业主队伍。当然，这也改变着私营企业主阶层的结构，使得这一阶层的社会地位和经济实力有明显上升。

另外，在市场经济取代原有计划经济的过程中，人力资本的作用日益增强，从而使得专业技术人员的社会经济地位逐步上升。同时，工业化水平的提高，导致专业技术人员队伍迅速壮大，他们从原来的干部队伍中分离出来形成一个独立的社会阶层。经过上述变化，一支规模越来越大的中产阶层队伍在经济社会生活中开始越来越容易被人们感受到。

（三）2000 年以来：中产阶层的崛起

在 20 世纪 90 年代中产阶层的成长开始引发人们的关注，但是

---

① 国家统计局：《中国统计年鉴》相关年份版，中国统计出版社。

在进入新世纪之前，中产阶层规模并不大，全国调查结果显示中产阶层在社会阶层结构中占到 15% 左右。[①] 但是，进入新世纪之后，随着中国经济步入新一轮快速发展轨道，中国中产阶层在短短数年间快速崛起。总体来看，中产阶层快速崛起的原因主要有如下几个方面。

首先，职业结构趋高级化。从表 2－2 来看，20 世纪 90 年代以来，随着经济的发展和产业结构的不断变化，中国职业结构不断趋高级化。其中，农林牧渔水利业从业人员的比重呈加速下降趋势，在 1990～2005 年的 15 年间，该比重从 70.58% 下降到 56.95%。分阶段来看，1990～2000 年下降了 6.31 个百分点，而 2000～2005 年则下降了 7.43 个百分点。与此同时，专业技术人员、办事人员、商业服务业人员、生产和运输设备操作人员则有不同幅度的增加，特别是各类专业技术人员的增长速度更快，2000 年比 1990 年增长了 0.35 个百分点，2005 年则比 2000 年增长了 1.93 个百分点。职业结构的进一步趋高级化，为以高级职业为特征的中产阶层的快速崛起创造了空间。

表 2－2　改革开放以来中国职业结构占比的变化趋势

单位:%，个百分点

职　业	1990 年	2000 年	2005 年	1990 年比 1982 年增长	2000 年比 1990 年增长	2005 年比 2000 年增长
国家机关党群组织负责人	0.62	0.50	0.50	0.12	－ 0.12	0.00
企事业单位负责人	1.13	1.18	—	0.07	0.06	
其他企业负责人	—	1.01	1.02	—	—	0.01
专业技术人员	5.31	5.62	7.60	0.25	0.35	1.93

———————————

① 参见陆学艺主编《当代中国社会阶层研究报告》，社会科学文献出版社，2002。

职　业	1990 年	2000 年	2005 年	1990 年比 1982 年增长	2000 年比 1990 年增长	2005 年比 2000 年增长
办事人员	1.74	3.05	3.68	0.44	1.34	0.60
商业服务业人员	5.41	9.02	12.17	1.39	3.81	2.95
农林牧渔水利人员	70.58	63.81	56.95	-1.29	-6.31	-7.43
生产和运输设备操作人员	15.16	15.75	17.85	-0.96	0.86	1.96
不便分类人员	0.05	0.06	0.23	-0.03	0.02	0.16
合　计	100.00	100.00	100.00	—	—	—

资料来源：1990 年资料来源于国务院人口普查办公室和国家统计局人口统计司 1993 年所编的《中国 1990 年人口普查资料》（第二册），2000 年资料来源于 2000 年人口普查 0.95‰抽样数据库，2005 年数据来自 1% 人口抽样数据库。

其次，社会成员收入迅速提高。2000 年以来，经济持续快速增长使得社会财富的积累随之加快，导致一个迅速扩大的高收入群体出现。中国加入世界贸易组织后，经济发展越来越受到全球化的影响，一些职业的收入水平也开始与国际接轨。这主要表现在跨国公司和国家垄断部门的经理人员和专业技术人员的收入成倍增加，其收入远远高于其他行业的经理人员和专业技术人员。与此同时，进入 2000 年以后，国有企业改革成效开始显现，随着国有企业规模迅速扩大与效益迅速提高，国有企业从业人员也迅速成为受益群体。2006 年以来，国有企业进行的股份制和工资收入改革，使得这些企业的高层管理人员获得了高额的年薪以及股份或期权股票的分红。据国资委的统计，2003 年中央企业负责人的年薪平均为 32.5 万元，是职工平均工资的 13.5 倍。[①]

再次，房地产、资本市场发展的财富分化效应放大。中国资本

---

① 佚名：《央企负责人收入》，新华网，http://news.xinhuanet.com/newscenter/2004-08/23/content1861565.htm。

市场在经历 20 世纪 80 年代的萌芽和 90 年代的形成与初步发展后，在 2000 年以来特别是在 2001 年中国加入世界贸易组织后，步入快速发展阶段。中国股票市场一路狂涨，从 2005 年 1000 多点涨到 2007 年的 6000 点以上。截至 2014 年底，中国上市公司总数量达到 2500 多家，总市值位列全球资本市场第二、新兴市场第一，成为全球最为活跃的资本市场之一。2007 年沪深两市账户达到 2.43 亿户，超过一半是个人投资者。资本市场的发展使得居民通过投资资本市场分享到了经济发展的成果，从而使得财富分化效应放大。与股票市场同期快速发展的是房地产市场。自 2001 年起，中国房地产市场进入新的一轮增长周期，房地产开发、投资、销售均以 20% 以上的速度高速增长，远远高于同期 GDP 的增长。伴随着此轮增长周期，全国房地产价格迅速攀升。2001 年全国商品房平均销售价格为 2291.3 元/平方米，2013 年上涨到 6237.3 元/平方米，是 2001 年的 2.72 倍（表 2-3）。房地产市场的快速发展以及商品房价格的一路攀升，使得那些投资于房地产和拥有房产者的财富价值迅速增加。

表 2-3 2000 年以来全国商品房销售额及销售面积情况

年 份	销售额（亿元）	增长（%）	销售面积（万平方米）	增长（%）	平均价格（元/平方米）
2013	81428.0	26.3	130551.0	17.3	6237.3
2010	52478.7	18.3	104349.1	10.1	5029.1
2007	29603.9	42.1	76192.7	23.2	3919.0
2005	18080.3	26.9	55769.1	15.3	3382.9
2003	7670.9	34.1	32247.2	29.1	2713.9
2001	4625.7	29.4	20779.2	22.3	2291.3

资料来源：根据国研网行业数据整理。

最后，高校扩招。1999 年，原国家计划发展委员会和教育部联合发出紧急通知，决定 1999 年中国高等教育扩招，扩招增幅达到 42%。从 1999 年到现在十余年时间里，中国高等教育发生了历史性变化，发展规模先后超过俄罗斯、印度、美国，位居世界第一。1999 年，中国高等教育招生人数为 155 万人，2013 年上升到 700 万人；同期在校生数量从 409 万人增加到 2468 万人，[①] 中国进入国际公认的高等教育大众化发展阶段。高校扩招使得数千万人获得了高等教育机会，为社会流动提供了更多的机会与渠道。每年几百万的大学毕业生直接为以高学历为主要特征的中产阶层输送了大量后备军。

三 中国中产阶层构成

我们结合中国人口普查数据、中国城市家庭户收入调查以及 CSS 调查数据的统计，[②] 对中国中产阶层的构成进一步展开分析。

(一) 年龄与性别

表 2 - 4 列出了中产阶层的年龄特征。从年龄来看，新中产阶层似乎变得越来越年轻了。[③] 在 1988 年的调查中，城市新中产阶层平均年龄为 42.5 岁，到了 2006 年，则下降到 36.0 岁。而同期老中产阶层的平均年龄则从 35.1 岁上升到 38.4 岁。表 2 - 4 中列出的 2011 年统计数据是城乡中产阶层平均年龄，从结果来看，也是新中产阶层要比老中产阶层年轻。这主要是因为新兴行业的发展为年轻人提供了更多上升流动机会和更快速的上升流动渠道。

① 数据来自于《中国统计年鉴》相关年份版。
② 相关统计结果参见李春玲《中国中产阶级的发展状况》，《黑龙江社会科学》2011 年第 1 期。
③ 相关统计结果参见李春玲《中国中产阶级的发展状况》，《黑龙江社会科学》2011 年第 1 期。

表 2 - 4　中产阶层年龄构成

单位：岁

阶层 \ 年份	1988	1995	2002	2006	2011
新中产阶层	42.5	45.6	41.6	36.0	40.2
老中产阶层	35.1	35.6	39.7	38.4	45.6

注：1988～2006 年数据为城市中产阶层数据，来源于李春玲《中国中产阶级的发展状况》，《黑龙江社会科学》2011 年第 1 期；2011 年数据为城乡中产阶层数据，来源于 2011 年 CGSS 数据测算。

从中产阶层的性别构成来看，略超过 60％ 的新中产阶层成员是男性，而接近 40％ 的新中产阶层成员是女性。中产阶层的其他几个群体的性别比例也未显示出年代变化，男性在中产阶层的所有群体中都保持着高于女性的比例，这意味着男性在中产阶层中的优势状态难以改变。表 2 - 5 的数据进一步表明，在中产阶层中越是具有权威或者掌握资源的群体，男性比例越高；反之，在越是不具有权威的群体中男女比例越接近。例如，新中产阶层中的党政干部和经理人员都属于掌握较多经济资源和管理资源的群体，这两个群体中的男性比例极高；相反，掌握较少资源的专业技术人员、老中产阶层和边缘中产阶层当中的男女比例则相差较小（表 2 - 5）。

表 2 - 5　中产阶层性别构成

单位：岁

性别 \ 阶层	新中产阶层			老中产阶层
	专业技术人员	党政干部	经理人员	
男　性	48.0	87.5	82.1	55.0
女　性	52.0	12.5	17.9	45.0

资料来源：李春玲：《中国中产阶级的发展状况》，《黑龙江社会科学》2011 年第 1 期；2011 年数据为城乡中产阶层数据，来源于 2011 年 CGSS 数据测算。

（二）就业部门和职业

中国中产阶层产生于制度剧烈变迁的过程之中，这一制度变迁就是由计划经济向市场经济的转型。在计划经济时期，几乎所有的就业者都在体制内部门工作。1995年，绝大多数新中产阶层都处于体制内部门（表2-6）。随着经济改革的不断推进，老中产阶层开始在体制外部门出现。与此同时，新中产阶层成员逐步向体制外部门转移，从而在体制外部门中产生了新的中产阶层成员。然而，迄今为止多数新中产阶层成员还是分布在体制内部门中。从职业构成来看，专业技术人员、经理人员和党政干部是新中产阶层职业构成的三个主要成分，并且这三类从业者在新中产阶层中的比例在不同年代都保持着相对稳定的排序，其中专业技术人员比例最高，次之是经理人员，再次之是官员（表2-6）。专业技术人员在各个时期都是新中产阶层中比例最高的成分，虽然其比例在各个时期有所波动。

表2-6　中产阶层就业部门与职业占比

单位：%

年　份	就业部门		职　　业		
	体制内	体制外	专业技术人员	党政干部	经理人员
1995	99.1	0.9	63.7	12.3	23.9
2002	87.0	13.0	66.7	12.2	21.1
2006	62.2	37.8	71.2	10.3	18.5
2011	66.0	34.0	65.3	13.3	21.4

注：1995～2006年数据为城市中产阶层数据，来源于李春玲《中国中产阶级的发展状况》，《黑龙江社会科学》2011年第1期；2011年数据为城乡中产阶层数据，来源于2011年CGSS数据测算。

（三）教育水平

近十几年里，中国高等教育发展迅速，大学的扩招使人们获得了更多的教育机会，受教育水平普遍提高，相应地中产阶层的教育水平也有显著提高。从表 2 - 7 的统计结果来看，城市新中产阶层的受教育年限稳步增长，从 1988 年的 10.4 年，增加到 2006 年的 14.9 年，同期城市老中产阶层的受教育年限也从 6.4 年增加到 9.8 年。2011 年数据列出的是城乡数据，新中产阶层的受教育年限依然多于老中产阶层。

表 2 - 7　中产阶层受教育年限

单位：年

年份 阶层	1988	1995	2002	2006	2011
新中产阶层	10.4	12.3	13.2	14.9	12.9
老中产阶层	6.4	8.1	9.2	9.8	9.6

注：1988～2006 年数据为城市中产阶层数据，来源于李春玲《中国中产阶级的发展状况》，《黑龙江社会科学》2011 年第 1 期；2011 年数据为城乡中产阶层数据，来源于 2011 年 CGSS 数据测算。

（四）家庭出身和社会流动

作为一个新兴阶层，中国中产阶层的来源极为多元化，而且个人的职业经历非常复杂。表 2 - 8 和表 2 - 9 列出了中产阶层的家庭出身（父亲的阶层位置）和最初职业的阶层位置。新中产阶层和老中产阶层的绝大多数成员来自较低社会阶层。超过 30% 的新中产阶层和老中产阶层出身于农民家庭，超过 20% 出身于工人家庭。表 2 - 9 数据还显示出多数中产阶层成员在成为中产阶层之前从事过蓝领工作。中产阶层具有异质性的出身背景和多元的职业经历以及他们与工人和农民之间的密切联系，都对当代中产阶层的形成产生了重要的影响。

表 2-8 中产阶层家庭出身

单位:%

阶　　层	企业主阶层	新中产阶层	老中产阶层	边缘中产阶层	工人阶层	农民阶层	合　计
新中产阶层	0.0	37.1	2.5	7.7	21.0	31.7	100.0
老中产阶层	0.0	6.6	10.0	2.7	24.3	32.9	100.0

注:1988~2006 年数据为城市中产阶层数据,来源于李春玲《中国中产阶级的发展状况》,《黑龙江社会科学》2011 年第 1 期;2011 年数据为城乡中产阶层数据,来源于 2011 年 CGSS 数据测算。

表 2-9 中产阶层社会流动

单位:%

阶　　层	企业主阶层	新中产阶层	老中产阶层	边缘中产阶层	工人阶层	农民阶层	合　计
新中产阶层	0.9	37.1	2.0	23.7	22.2	14.1	100.0
老中产阶层	0.0	5.1	5.9	5.2	47.6	36.1	100.0

资料来源:李春玲:《中国中产阶级的发展状况》,《黑龙江社会科学》2011 年第 1 期。

第三章　中产阶层发展获益感受

经济发展状况对社会成员的社会态度有着直接的影响。当经济发展状况良好时，人们从经济发展中获益，对社会秩序倾向于拥护与支持；反之，经济发展状况堪忧，往往会招致人们的不满与抱怨情绪。一般来看，中产阶层是经济社会发展的主要受益者，中国中产阶层亦是如此，可以说中国改革开放的进程与中产阶层的崛起是同步的，那么中产阶层的发展获益感受如何呢？本章将集中探讨这一问题。

一　经济发展与中产阶层获益

第二次世界大战后，经过多年的经济高速增长，亚洲一些国家形成了一支规模可观的中产阶层队伍。[①]　在日本，包括管理人员、专业技术人员、事务从业人员等在内的新中产阶层占劳动者总人数的比例 1955 年为 28.9%，1985 年为 43.3%，到了 20 世纪 90 年代，[②]有 90% 以上的人认为自己过上了中等水平的生活。[③]　在新加坡，1987 年的调查显示，有 74% 的华人居民和 75% 的马来人居民认为自己享受着中产阶层的生活方式，即与象征着中产阶层的洗衣机、保险、订阅杂志、汽车、道德教育、活期存款、海外旅行、空调、微

[①]　林蕴玲：《亚洲现代化透视》，社会科学文献出版社，第 399～401 页。

[②]　富永健一：《日本的近代化与社会变动》，讲谈社，1990，第 361 页。

[③]　林蕴玲：《亚洲现代化透视》，社会科学文献出版社，2001，第 400 页。

波炉、股票投资等相关。① 20 世纪 80 年代中期，79% 以上的韩国人认为自己属于中产阶层。② 在泰国，中产阶层从 1960 年占全国总人口的 10% 增加到 1986 年的 21%。③ 在马来西亚，根据人口普查资料，1980 年中产阶层数量达到劳动力人口的 24%，1986 年达到 37.2%；进入 90 年代，人口普查资料表明中产阶层的相对值和绝对值都有所上升。④ 在印度，据官方公布的数字，也大约有 2.5 亿人加入了中产阶层的行列。

与亚洲国家经济欣欣向荣、中产阶层崛起并获益感颇强不同的是，近年来，由于受金融危机的影响，欧美中产阶层的生活与就业受到沉重的打击，工资增长停滞，失业率不断攀升以及债务负担沉重使欧美中产阶层呈现萎缩的趋势。中产阶层的日子似乎越来越不好过了。德国柏林世界经济研究所一项最新研究显示：近些年来德国中产阶层萎缩，穷人和富人群体人数有所增加，有穷人越穷、富人越富的趋势。在法国金融危机之前的 2007 年底进行的民调结果显示，2/3 至 3/4 的法国人认为自己属于中产阶层。而在此后由于受金融危机的冲击，法国中产阶层保持其生活水准的目标受到挑战，不少人甚至感到"身份倒退"，一股对未来不确定的焦虑情绪正在法国中产阶层中蔓延。⑤ 在美国，自金融危机爆发以来，美国经济学界就开始大声疾呼中产阶层面临灭顶之灾。著名经济学家克鲁格曼则在《中产阶层美国的终结》一文中明确指出，中产阶层陷入困境的原因

① 吉野文雄：《东南亚中产阶级的形成》，《南洋资料译丛》1999 年第 1 期。
② Chung‐Si Ahn, Economic Dimensions of Democratization in South Okrea, in Anek Laothamatas Edited: *Democratization in Southeast and East Asia*, Institued of Southeast Asian Studies, Singapore, 1997, 246.
③ 冯久玲：《亚洲的新路》，经济日报出版社，1998，第 151 页。
④ Joel S. Hahn: Class, Culture and Malaysian Modernity, in Johannes Dragsbaek Schmidt, Joacques Hersh and Niels Fold: *Social Change In Southeast Asia*, Addison Wesley Longman Linited, 1998: 82.
⑤ 赵纪萍：《中产阶级的日子越来越难了》，《社会科学报》2011 年 12 月 22 日。

是经济增长收益流向了富人阶层，政府以牺牲中产阶层的利益来取悦富人。声势浩大的茶党运动和"占领华尔街"运动正是中产阶层情绪不安的表达方式。① 可以看出经济发展不景气，中产阶层自身利益得不到实现，由此引发的抱怨成为突出的社会现象。

回到中国现实。在过去三十余年间，受益于经济快速增长和社会进步，中产阶层在中国快速崛起。可以说，中产阶层是经济发展与社会进步的主要受益者，那么他们从发展中获益的感受又如何呢？这也是我们在对中产阶层的社会政治态度进行研究时首先需要思考的问题。对此，我们利用调查数据进一步展开探讨。

二　中国中产阶层发展获益感受

表3-1报告了在不同调查年份中国社会各阶级对自己在过去5年生活变化的主观感受。在 NSS、CGSS 和 CSS 调查中这一调查问题提供了5个选项，分别是①变得很坏，②变得较坏，③没变化，④变得较好，⑤变得很好。对其分别赋值1~5分，其中1分代表生活变得很坏，5分代表生活变得很好。对生活变化的主观感受越接近5分表明生活变得越好，越接近1分表明生活变得越差。

表3-1　中产阶层与其他阶层对过去5年生活变化的主观感受

年份 阶层	2001	2006	2008	2011
企业主阶层	4.04	4.12	4.00	4.03
新中产阶层	4.05	3.51	3.81	3.86
老中产阶层	3.84	3.44	3.78	4.10
工人阶层	3.59	3.21	3.58	3.89
农民阶层	3.82	3.57	3.84	4.33

---

① 张红：《中产阶级之殇》，《人民日报海外版》2011年12月22日。

阶层　　　　年　份	2001	2006	2008	2011
无业失业者阶层	3.38	3.55	3.10	3.82
均值	3.78	3.45	3.69	4.02
F 检验	32.226 ****	25.401 ****	77.441 ****	11.112 ****

注:**** $p < 0.001$。

概括来看,在 2001 年以来几个年份的调查中,中国社会各阶层对过去 5 年生活变化的主观感受呈现如下几个方面的特征。

首先,从总体上看,包括中产阶层在内的社会各阶层对自己生活变化的感受普遍给予了积极的评价,且多数处于"改善较大"的水平。这表明过去十余年间中国经济增长使得包括中产阶层在内的社会各阶层均明显地受益。

其次,就各阶层而言,企业主阶层生活变好感受一直保持高位水平并且波动幅度很小。新中产阶层生活变化感受同样保持高位,但是近年呈逐渐下降趋势,这主要是因为近年来住房、教育、医疗等民生领域消费支出过大,使得许多中产阶层处于一种相对的不安全与不稳定的情绪中,弱化了他们从发展中受益的感受。不过老中产阶层的生活变化感受一直保持高于平均水平的提升。社会底层阶级生活变好感受的提升幅度要高于中产阶层,如在 2006 年和 2008 年工人阶层与农民阶层的生活变好感受水平较低,但是到了 2011 年他们的生活变好感受有了明显的提高。这主要是因为近年来政府出台了一系列惠及社会底层阶级的改革措施,例如大力推进新农村建设,加强对农民工保护,扩大社会保障面,等等,这些政策使得社会底层阶级直接受益。比较而言,近十余年间,国家政策对社会底层阶级的利益有许多直接的惠及,但是对中产阶层利益的惠及则要少得多。

再次,比较来看,中产阶层与其他阶层的生活变化感受存在显著的差异。企业主阶层的生活变化感受没有太大的变化,维持在较

好的水平；中产阶层与其他阶层的生活变化感受则呈现 U 字形变化
——2006 年明显下降，之后又明显上升。但是在 2008 年之后，新中
产阶层的生活趋好变化感受开始低于老中产阶层。

　　进一步观察中产阶层不同群体间发展获益感受的差异（表 3 -
2）。在社会流动方面，虽然社会流动状况不同的中产阶层存在感受
差异，但是中产阶层的发展获益感受均保持在很高的水平。其中，
向上流动者中有 69% 承认生活变得更好，这一比例在向下流动者中
占到 63.7%，在没有流动者中占到 75%。在利益受损方面，有
70.8% 没有遭遇利益受损的中产阶层承认生活变得更好，在遭遇利
益受损的中产阶层中占到 71.6%。从就业部门来看，体制内就业部
门的中产阶层有 65.7% 承认生活变得更好，而体制外这一比例为
61.9%。从时间来看，在不同调查年份均有 60%80% 的中产阶层承
认生活变得更好。总体来看，在上述不同方面，中产阶层对自己的
生活变化做出了积极的评价，虽然存在着显著的差异，但是这种差
异并不大。可以看出，中产阶层肯定了自己在发展中获益的状况。

表 3 - 2　中产阶层不同群体发展获益感受比较

单位:%

群　体	获益感受	没受益	受益	合计	x^2 检验
社会流动方向	向上流动	31.0	69.0	100.0	
	没有流动	25.0	75.0	100.0	148.586****
	向下流动	36.3	63.7	100.0	
	平均	29.8	70.2	100.0	
利益受损	利益无受损	29.2	70.8	100.0	
	利益受损	28.4	71.6	100.0	2.258
	平均	29.0	71.0	100.0	
就业部门	体制外	38.1	61.9	100.0	
	体制内	34.3	65.7	100.0	46.963
	平均	35.1	64.9	100.0	

续表

群　体		没受益	受　益	合　计	x^2检验
调查年份	2001	29.8	70.2	100.0	
	2006	38.5	61.5	100.0	
	2008	31.3	68.7	100.0	4875.014 ****
	2011	28.5	71.5	100.0	
	平均	35.1	64.9	100.0	

注：**** $p < 0.001$。

三　中产阶层发展获益感受影响因素

表 3 – 3 列出了发展获益感受影响因素的 Logistic 回归分析结果，模型的因变量为发展获益感受。

表 3 – 3　发展获益感受影响因素的 Logistic 回归分析

自变量	模型 1		模型 2		模型 3	
	B	Exp (B)	B	Exp (B)	B	Exp (B)
常量	-122.374 ****		134.391 ****		222.556 ****	
年份	.061 ****	1.063	-.068 ****	.935	-.112 ****	.894
性别（1 = 男）	-.065 *	.937	-.121 ***	.886	-.139 *	.871
年龄	-.012 ****	.988	-.006 ****	.994	-.003	.997
受教育年限	-.043 ****	.958	-.020 ***	.981	.040 ****	1.041
收入对数	.125 ****	1.134	.409 ****	1.505	.358 ****	1.430
中产阶层（1 = 是）	—	—	.076 *	1.079		
新中产阶层（1 = 是）	—	—			.612 ****	1.844
-2LL	22850.942		11475.891		4955.087	
拟 R^2	.022		.015		.029	
N	17059		9430		6079	

注：* $p < 0.05$，** $p < 0.01$，*** $p < 0.005$，**** $p < 0.001$。

表 3 - 3 续　发展获益感受影响因素的 Logistic 回归分析

自变量	模型 4		模型 5		模型 6		模型 7	
	B	Exp (B)	B	Exp (B)	B	Exp (B)	B	Exp (B)
常量	133.446****	—	134.829****	—	248.045****	—	292.515****	—
调查年份	-.067****	.935	-.068****	.934	-.124****	.883	-.147****	.864
性别	-.120***	.887	-.121***	.886	-.135****	.874	-.121	.886
年龄	-.006****	.994	-.006***	.994	-.008****	.992	-.006*	.994
受教育年限	-.026****	.975	-.025***	.975	-.028****	.972	.017	1.017
收入对数	.402****	1.495	.402****	1.495	.411****	1.509	.328****	1.389
中产阶层（1＝是）	.129****	1.138	.129**	1.137	.119**	1.126	—	—
新中产阶层（1＝是）	—	—	—	—	—	—	.697****	2.008
职业流动（1＝向上流动）	.214****	1.239	.216****	1.241	.299****	1.349	.523****	1.687
就业部门（1＝体制内）	—	—	.015	1.015	.099***	1.104	-.093	.911
利益受损（1＝是）	—	—	—	—	-.209***	.811	-.123	.884
-2LL	11473.963		11473.324		9002.628		5971.059	
拟 R^2	.015		.015		.022		.014	
N	8741		7549		6973		5281	

注：* $p < 0.05$，** $p < 0.01$，*** $p < 0.005$，**** $p < 0.001$。

模型 1 的自变量包括调查年份、性别、年龄、受教育程度和收入。从调查年份来看，调查年份每往前推进一次，人们发展获益感受的发生概率就要多出 $1.063 - 1 = 0.063$ 倍。事实上，CGSS 和 CSS 调查持续推进的这些年份，也是中国经济快速增长和人们物质生活的改善时期。但是，在模型 2 到模型 7 中，当加入阶级身份、就业部门以及利益受损等变量后，我们发现调查年份往前推进时，发展获益感受下降了。这也表明，虽然经济增长能够提高人们发展获益感受，但是其他因素可能弱化和改变这种影响。从性别上看，男性发展获益感受比女性低。从年龄上看，随着年龄的增长，发展获益感受下降，当然收入对发展获益感受有着显著的影响。

模型 2 在模型 1 的基础上增加了"中产阶层"身份变量。从结果来看，在控制模型 1 自变量的影响后，中产阶层发展获益感受的发生概率要比非中产阶层多出 $1.079 - 1 = 0.079$ 倍。也就是说，中产阶层比非中产阶层更能够感受到生活变得更好，更能够体会到从发展中的获益。模型 3 单独对中产阶层案例进行了考察。从结果来看，在发展获益感受的发生概率上，新中产阶层要比老中产阶层多出 $1.844 - 1 = 0.844$ 倍。模型 2 和模型 3 表明，中产阶层的发展获益感受要高出非中产阶层，而在中产阶层内部，新中产阶层又要高于老中产阶层。

模型 4 在模型 3 的基础上增加"职业流动"变量，来考察社会流动对发展获益感受的影响。从结果来看，在剔除调查年份、性别、年龄、受教育程度和收入因素的影响后，向上流动者发展获益感受的发生概率要比向下流动和没有流动者多出 $1.239 - 1 = 0.239$ 倍。

模型 5 在模型 4 的基础上增加"就业部门"变量，来考察体制分割对发展获益感受的影响。然而发现影响并不显著。但是在模型 6 中增加"利益受损"变量时，就业部门的影响才会变得显著。从利益受损变量的影响来看，那些遭遇利益受损群体的发展获益感受要比没有遭遇利益受损群体少 18.9%（$1 - 0.811 = 0.189$）。一般来看，因为"权力庇护"，体制内部门从业者比体制外部门从业者更有能力规避利益受到损害。所以当模型6控制"利益受损"变量的影响后，就业部门的影响开始变得显著。

最后，模型7对中产阶层样本进行了单独考察。从结果来看，中产阶层在发展获益感受上存在着新老中产阶层间的分化，新中产阶层的发展获益感受的发生概率比老中产阶层要多出1倍。另外在职业流动维度上，中产阶层的发展获益感受也存在着分化，向上流动的中产阶层的发展获益感受要高于那些没有流动和向下流动的中产阶层群体。不过，模型7表明，在控制其他变量的影响后，就业部门与利益受损这两个因素对中产阶层的发展获益感受并没有显著的影响。在这两个维度上，体制内与体制外的中产阶层以及利益受损和没有受损的中产阶层均没有表现出显著的差异。

四　本章小结

本章着重探讨了中产阶层发展获益感受的状况。总体来看，中国中产阶层对自己过去生活的变化给予了积极的评价，这表明中产阶层有着强烈的发展获益感受。对于影响中产阶层发展获益感受的因素，本章从经济增长、社会流动、体制分割、利益受损四个方面进行了探讨。结果表明，本研究提出的四个研究假设中有两个研究假设（就业部门与利益受损）没有得到验证，另外两个研究假设（经济增长与社会流动）得到了验证。具体结论如下（表3-4）。

表3-4　研究假设检验结果

研究假设	检验结果
H1：经济增长	√
H2：社会流动	√
H3：就业部门	
H4：利益受损	

第一，经济增长对中产阶层和其他阶层发展获益感受有着积极的影响。改革开放三十余年间，中国经济快速增长，社会各阶层均不同程度地获益。就中产阶层而言，经济增长不仅促使其自身壮大，而且使其从中获益，良好体面的收入和富足的生活让他们对过去生活的变化给予了积极的评价。

第二，社会流动对中产阶层和其他阶层发展获益感受有着积极的影响。作为向上社会流动的成功群体，中产阶层的发展受益与社会流动呈现密切的相关，向上流动群体的发展获益感受要显著高出没有流动或向下流动的群体。

第三，就业部门对中产阶层发展获益感受没有显著的影响。虽然在样本的描述统计中，我们发现体制内部门人员的发展受益感受要高于体制外群体，但是这掺杂着其他因素的影响。当剔除这些影响因素后，我们发现无论身处体制内还是体制外，中产阶层内部群体的发展获益感受均没有显著的差异。这表明，体制内和体制外的中产阶层在发展获益感受方面呈现同质化的特征。

第四，利益受损对其他阶层发展获益感受有着显著的影响，但是对中产阶层的影响并不显著。比较而言，这种情况的出现可能在于，即使遭遇利益受损，但是就中产阶层而言，从经济增长中获得的利益要更多，远远超过受损的部分，因而利益受损并不影响中产阶层从发展中获益的感受。但是，对于其他遭遇利益受损的较低阶层而言，由于从发展中获益程度低于中产阶层，甚至低于他们遭遇到的利益受损，在此情形下，利益受损自然会影响到他们从发展中获益的感受。

第四章　中产阶层主观地位认同

社会分层中，主观地位认同具有重要的分析意义，因为一个阶级的形成并不简单地取决于阶级成员是否形成大体相近的客观阶级地位，更重要在于是否形成相同的阶级意识，这首先表现在其成员之间是否具有相互的身份认同。对此，本章将对中产阶层的主观地位认同展开探讨。

一　问题提出

主观地位认同是人们对自己社会位置归属的主观判断，是"我在社会阶层结构中所占位置的感受"。[①] 在社会分层中，主观地位认同具有重要的分析意义，因为一个阶级的形成并不简单地取决于阶级成员是否形成大体相近的客观阶级地位，更重要在于是否形成相同的阶级意识，这首先表现在其成员之间是否具有相互的身份认同，以及其成员是否意识到他们具有共同的利益。因此，考查一个阶级的意识，需要先测量各阶层的身份认同和利益意识。[②]

[①] Jackman MR, Jaekman R, An Interpretation of the Relation Between Objective and Subjective Social Status, *American Sociological* (1973): 38.

[②] 李春玲：《断裂与碎片：当代中国社会阶层分化实证分析》，社会科学文献出版社，2005，第267~268页。

　　主观地位认同与依据自身的职业、收入、权力等客观指标划分出来的客观地位二者相互关联，因为人们的主观地位认同往往参照的是人们在现实生活中的位置，比如职业声望、收入高低以及权力大小等，所以主观地位认同在相当程度上是对客观地位的反映，是人们源于自身的生活体验和对周围世界的观察分析以及对于社会结构、社会秩序的想象和理解，给自己和他人在结构中做出的定位。[①]但是，主观分层与客观分层二者并非绝对的一致。由于人们在判断自己社会位置归属时，往往参照的依据存在差别，导致个体在主观地位认同时出现差异，出现客观地位较高者在主观地位判断时偏低，或者是客观地位较低者在主观地位判断时偏高的差异。正如奥索基所指出的那样，不同社会类型或不同历史时期，人们对于社会结构的感知、想象和解释是不同的。[②]

　　对于中国社会阶级的主观地位认同，早在 20 世纪 90 年代就有研究者对中国城市阶层进行了调查分析，认为"有阶层化差别但无阶层化意识"。[③]但是也有研究者得出相左的结论，认为绝大多数公众具有阶层认知，其中 3/4 的人认为自己处在一个不平等的社会中。[④]进入 2000 年以后，基于全国性的综合调查数据的分析，越来越多的研究者认为主观地位认同已经在社会阶层结构的变化中变得越来越清晰，成为区分不同阶层的主要标识，但是也存在着主观地位认同偏低的情况。[⑤]

　　概括来看，以往对于中产阶层主观地位认同的研究包括三个观

①　李春玲：《当前中国人的社会分层意识》，《湖南社会科学》2003 年第 5 期。
②　Ossowski, Stanislaw, *Class Structure in the Social Consciousness* (London：Routledge，1998)，p. 6 - 7.
③　卢汉龙：《城市居民社会地位认同研究》，载《中国社会学年鉴：1992. 7 ~ 1995. 6》，中国大百科全书出版社，1996。
④　刘欣：《转型期中国大陆城市居民的阶层意识》，《社会学研究》2001 年第 3 期；刘欣：《相对剥夺地位与阶层认知》，《社会学研究》2002 年第 1 期。
⑤　陆学艺主编《当代中国社会阶层研究报告》，社会科学文献出版社，2002。

点：一是人们的主观自我定位与客观分层不一致。李春玲（2003）在职业、收入、消费及生活方式、主观认同等方面的调研显示，职业中产占15.9%，收入中产占24.6%，消费及生活方式中产占35%，而主观认同中产占46.8%。① 二是人们的自我阶层认同有向下倾斜的趋势。中国社会科学院"当代人民内部矛盾研究"课题组的研究表明：与国外相比，我国公众自认中层的比重明显偏低，社会底层（中下层、下层）偏高。② 李路路（2008）的研究将中产阶层分为三个层次：中上层、中中层、中下层，中产阶层普遍认为自己往下移一个层次。③ 三是社会中下层人员的相对剥夺感较强。在中国新兴中产阶层崛起之前，中国存在着一个中间阶层，他们就是所谓的"公家人"，主要指领"皇粮"、拿工资、享受社会保障的国营（及大集体）企事业单位的工作人员，他们主要分布在城市中。改革开放以来，在"让一部分人先富起来"的政策感召下，社会上迅速崛起了少数富裕群体。这就让原先处于社会中间层的"公家人"有了明显的"相对剥夺感"。他们感觉自己被历史无情地抛弃，开始向社会中下层滑落。④

总体来看，中国中产阶层的主观地位认同与其客观地位相比存在着不完全一致的情况。那么，在过去十余年间，在中国经济社会发展出现显著变化的情况下，中产阶层的主观地位认同是否也会随之发生变化呢？如果回答是肯定的，那么这种变化的机制又是什么？这是本章所关注的问题。

---

① 李春玲：《当前中国人的社会分层意识》，《湖南社会科学》2003年第5期。
② 李培林：《研究中国当前社会冲突意识的七个发现》，《理论参考》2006年第5期。
③ 李路路、王宁：《当代中国中间阶层的社会存在：阶层认知与政治意识》，《社会学研究》2008年第10期。
④ 周晓虹：《中国中产阶层调查》，社会科学文献出版社，2005，第8页。

二 中产阶层主观地位认同

首先，我们比较中产阶层和其他阶层在过去若干年份中的主观地位认同的情况（表4-1）。概括来看，各阶层主观地位认同在不同年份存在着差异。其中，企业主阶层自我认同最高，新中产阶层和老中产阶层次之，农民阶层、体力劳动者阶层、失业者阶层最低。从结果来看，主观地位认同大体同客观地位相一致。同时，我们注意到各阶层的主观地位认同水平整体偏低，大多处于社会中等及中下等位置区间。相对而言，企业主阶层的主观地位认同最高，但是也仅仅处于社会中层的位置，而在2008年以后则滑落至社会中下层水平，这种变化可能与近些年来的"国进民退""跑路"等民营经济发展环境恶化有关。与此相反，失业者阶层的主观地位认同最低，但是在2008年以来，失业者的主观地位认同有所提高，而其他阶层则出现下降。这可能与政府近年来加强对社会底层的保护、出台相关政策有关。另外，中产阶层的主观地位认同整体高于社会平均水平，但是也仅仅倾向于自我认同于社会中下阶层的位置。在2008年之前，新中产阶层的身份认同高于老中产阶层；但是2008年以后，新中产阶层的身份认同呈现下滑的趋势，2011年新中产阶层的身份认同降到老中产阶层之下，与此相似的情况还包括企业主阶层。这表明近年来，"底层化"情绪与意识在优势阶层中有蔓延的趋势。

表4-1 各阶层不同年份的主观地位认同

阶层＼年份	2001	2006	2008	2011
企业主阶层	3.26	3.00	3.14	2.72
新中产阶层	3.04	2.58	2.75	2.26
老中产阶层	2.58	2.53	2.52	2.43
工人阶层	2.52	2.22	2.27	2.10
农民阶层	2.15	2.35	2.35	2.49

续表

阶　　　层 ＼ 年　　　份	2001	2006	2008	2011
无业失业者阶层	2.24	2.39	2.00	2.19
均值	2.56	2.35	2.36	2.30
F	157.058****	39.070****	56.946****	9.088****

注：1 = 下层，2 = 中下层，3 = 中层，4 = 中上层，5 = 上层；* $p < 0.001$。

另外，在 2001～2011 年间，各阶层的主观地位认同整体呈现下降的趋势，虽然这种趋势不是十分显著。从均值来看，这种下降的趋势以 2006 年为分界线，2006 年以后下降趋势要比之前明显得多（图 4－1）。

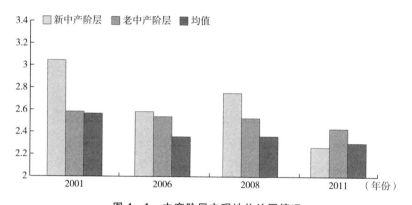

图 4－1　中产阶层主观地位认同情况

表 4－2 说明了中产阶层不同群体的主观地位认同情况。从社会流动来看，向上流动群体的主观地位认同总体要高于向下流动群体，在向上流动群体中有 52.2% 的人认为自己属于社会中上层。从就业部门来看，在体制内就业部门从业人员中有 57.2% 的人认为自己的主观地位属于社会中层及以上，而在体制外部门从业人员中这一比例为 46.7%。从利益受损情况来看，在利益受损群体中认为自己处于社会底层和中下层的比例合计为 50.9%，这一比例在没有遇到过利益受损群体中为 48.5%；在认为自己处于社会中上层和上层的群

体中，遭遇过利益受损的群体的比例也要微低于没有遇到过的群体。从调查年份来看，人们的主观地位认同也存在着差异。2001 年人均 GDP 仅为 0.86 万元，但是人们的主观地位认同最高，只有 13.0% 的群体认为自己属于社会底层和中下层；而在 2011 年，人均 GDP 上升到 3.52 万元时，有 48.9% 认为自己属于社会底层和中下层。

表 4 - 2 中产阶层不同群体主观地位认同

单位:%

群体		主观地位认同					合计	x^2检验
		社会底层	社会中下层	社会中层	社会中上层	社会上层		
社会流动状况	向上流动	22.6	25.2	39.4	9.2	3.6	100.0	
	没有流动	24.7	26.1	41.0	6.5	1.7	100.0	110.277****
	向下流动	16.4	23.0	47.8	10.9	1.8	100.0	
	平均	22.8	25.4	41.6	8.0	2.3	100.0	
就业部门	体制内	22.5	20.3	46.3	8.8	2.1	100.0	
	体制外	23.2	30.1	36.5	7.6	2.6	100.0	163.710****
	平均	22.7	22.9	43.7	8.5	2.2	100.0	
利益受损情况	遭遇过	20.7	30.2	42.6	6.2	.3	100.0	
	没有过	27.5	21.0	44.3	6.6	.6	100.0	147.779****
	平均	24.9	24.5	43.7	6.5	.5	100.0	
调查年份	2001	1.9	11.1	45.8	23.4	17.8	100.0	
	2003	17.1	.0	79.9	.0	3.0	100.0	
	2006	26.8	29.1	38.2	5.5	.4	100.0	11016.656****
	2008	31.1	.0	57.6	10.4	.9	100.0	
	2011	18.7	30.2	43.0	7.7	.5	100.0	
	平均	20.1	19.5	48.7	8.4	3.3	100.0	

注:**** $p < 0.001$。

总体来看，中产阶层主观地位认同呈现偏低的特征。事实上，在以往学者对中国公众主观地位认同的研究中，发现了一个在学理和政策上都非常重要的现象，即主观地位认同向下偏移。早期研究发现中国公众的主观地位认同在国际横向比较中具有向下偏移的特点，近期的研究发现中国公众的主观地位认同在时间维度上也呈现下移的态势。[①] 那么导致这种主观地位认同下降的影响因素是什么呢？本章继续探讨。

三　主观地位认同的影响因素

表4-3列出了7个多元回归方程模型，各个模型的因变量均为主观地位认同。模型1的自变量包括调查年份、性别、年龄、受教育年限和收入。从调查年份来看，随着调查年份的推进，被调查者的主观地位认同呈现下降的趋势。调查年份每推进一次，主观地位认同下降0.118。总体上看，随着调查年份的推进，经济总量与人均GDP都在快速增加，然而结果表明在剔除年龄、性别、收入与受教育程度的影响后，人们主观地位认同的影响在下降。这一结论与我们以往的认识是相反的。通常来看，过去人们认为所有问题是发展太慢和贫穷落后所导致的，因此只要经济发展起来了，问题就解决了。然而经济发展起来了，人们温饱问题解决了甚至小康富裕生活实现了，主观地位认同却没有相应提升。对此可能有两个方面的解释：一方面是经济快速增长所带来的快节奏步伐和激烈竞争，让一些人产生危机感与不适感，从而容易产生弱势心理；另一方面则是经济快速增长在一定程度上是以牺牲公众利益为代价的，例如房地产业是近十余年间中国经济增长的支柱产业，但是高昂的房价使人们成为"房奴"，背上沉重的经济压力。在媒体的诸多报道中可以看到，很多中产阶层正是因为成为"房奴""车奴""孩奴"而严重怀疑甚至否认自己中产阶层身份的。另外，模型1结果表明男性主观

---

① 高勇：《地位层级认同为何下移——兼论地位层级认同基础的转变》，《社会》2013年第4期。

表4-3 主观地位认同影响因素线性 OLS 回归统计（非标准系数）

自变量	模型1	模型2	模型3	模型4	模型5	模型6	模型7
常量	238.218 (4.637)****	229.119 (4.718)****	141.914 (9.817)****	223.511 (4.795)****	230.359 (4.806)****	41.873 (9.025)****	18.692 (5.386)
年份	-.118 (.002)****	-.113 (.002)****	-.070 (.005)****	-.111 (.002)****	-.114 (.002)****	-.025 (.005)****	-.009 (.008)
性别（1=男）	-.027 (.012)*	-.020 (.012)+	-.089 (.024)****	-.019 (.012)	-.024 (.012)*	-.078 (.015)****	-.092 (.025)****
年龄	.003 (.000)****	-.003 (.000)****	.003 (.001)****	-.003 (.000)****	-.001 (.001)*	.0012 (.001)*	.005 (.001)****
受教育年限	.014 (.002)****	.012 (.002)****	.036 (.004)****	.011 (.002)****	.019 (.002)****	.024 (.001)****	.028 (.004)****
收入对数	.114 (.007)****	.112 (.007)****	.216 (.015)****	.124 (.007)****	.134 (.007)****	.213 (.009)****	.243 (.016)****
中产阶层（1=是）	—	-.135 (.014)****	—	-.136 (.014)****	-.107 (.014)****	-.032 (.010)****	—
新中产阶层（1=是）	—	—	.192 (.031)****	—	—	—	.169 (.034)****
职业流动（1=向上流动）	—	—	—	.091 (.014)****	.086 (.014)****	.097 (.015)****	.170 (.029)****

续表

自变量	模型 1	模型 2	模型 3	模型 4	模型 5	模型 6	模型 7
就业部门（1 = 体制内）	—	—	—	—	.187 (.014)****	.223 (.017)****	.111 (.031)****
利益受损（1 = 是）	—	—	—	—	—	−.067 (.023)***	−.140 (.041)****
$Adjust-R^2$	.100	.103	0.096	.105	.111	.080	.114
F	549.436****	475.704****	101.266****	414.338****	387.883****	147.835****	72.675****
N	24759	23154	5663	22105	19530	15107	5007

注：$*p < 0.05$，$**p < 0.01$，$***p < 0.005$，$****p < 0.001$。括号内为标准误差。

地位认同比女性低 0.027，在主观地位认同方面女性高于男性。在年龄方面，年龄每增加 1 岁，主观地位认同提高 0.003。年龄的增加往往意味着更高经济社会地位的获得，这有利于提高主观地位认同。从受教育程度来看，受教育年限每增加 1 年，主观地位认同提高 0.014。一般来看，人们受教育程度越高越能够获得更好的经济社会地位，因此主观地位认同也随之提高。从收入影响来看，收入的增加对主观地位认同也有着积极的影响。事实上，人们往往更多依据自身的经济状况来判断自己的社会地位高低。

在模型 1 的基础上，模型 2 增加了"中产阶层（1 = 是）"的自变量来考察它对主观地位认同的影响。从结果来看，在控制了调查年份、年龄、性别、受教育程度以及收入这些因素的影响后，中产阶层主观地位认同要比非中产阶层低 0.135，这一现象值得关注。一般来看，优势阶层拥有地位优越感并且会努力凭借拥有的资源来维持这种优越地位，以强化身份认同和与较低阶层的身份区别。[1] 但中国中产阶层并不具有多少地位优越感，他们甚至比较低阶层还倾向于认同自己的地位偏低。

模型 3 单独对中产阶层样本进行了考察，进一步探讨新中产阶层和老中产阶层在主观地位认同上的差异。从结果来看，在控制调查年份、年龄、性别、收入和受教育程度变量后，新中产阶层的主观地位认同比老中产阶层高 0.192。一般来看，新中产阶层在工作环境、职业体面等方面要比老中产阶层更有优越感，因此其主观地位认同也高于后者。这也表明，中产阶层内部的主观地位认同存在着群体差异。

模型 4 在模型 2 的基础上增加"职业流动"变量，来考察社会流动对主观地位认同的影响。从结果来看，在控制模型 2 自变量的

---

[1] 李春玲：《社会阶层的身份认同》，《江苏社会科学》2004 年第 6 期。

影响后，那些向上流动群体的主观地位认同要比没有流动和向下流动的群体显著高出 0.091。一般来看，向上社会流动意味着获得了更好的经济社会地位，这有利于提高人们的主观地位认同。

模型 5 在模型 4 的基础上增加"就业部门"变量，来考察体制分割对主观地位认同的影响。结果表明，体制内部门就业人员的主观地位认同高出体制外部门就业人员 0.187。这一结论也印证了社会普遍的感受——人们对获得体制内部门的工作岗位趋之若鹜，党政机关国有企事业单位是人们择业时竞相热捧的部门；进入这些部门往往意味着体面的工作环境、稳定的职业和良好的保障。由此可以看到，体制分割塑造着人们的地位认同差异。

模型 6 在模型 5 的基础上增加"利益受损"变量，来考察其对主观地位认同的影响。在控制模型 5 自变量的影响后，利益受损对主观地位认同的影响显著地存在——那些遭遇过权益受损的群体的主观地位认同要比其他群体低 0.067。在现实社会生活中，利益受到侵犯与损害的群体往往会产生无助与弱势的心理，进而将自己归为社会弱势群体中去，从而在主观上拉低自己的社会地位归属。

最后，模型 7 单独对中产阶层样本进行了考察。从结果来看，调查年份的影响依然显著。从新中产阶层与老中产阶层的身份差异上看，在进一步剔除其他变量的影响后，新中产阶层的主观地位认同高出老中产阶层的程度有所下降，但依然要高出 0.169。从职业流动上看，向上流动对中产阶层主观地位认同依然发挥着显著的影响。并且这种影响比总体样本更大，向上流动的中产阶层比没有流动和向下流动的中产阶层的主观地位认同要高出 0.170。从就业部门来看，虽然体制内的中产阶层的主观地位认同要比体制外中产阶层高出 0.111，但是这种差异并不显著。从利益受损情况来看，利益受损对中产阶层主观地位认同有着负面的影响。遭遇过利益受损的中产阶层的主观地位认同有所下降。

四　本章小结

本章探讨了中产阶层主观地位认同的状况与影响因素。正如本章开头所提到的，在社会分层研究中，对主观地位认同进行探讨具有重要的意义，因为一个阶级的形成并不简单地取决于阶级成员是否形成大体相近的客观阶级地位，更重要在于是否形成相同的阶级意识，这首先表现在其成员之间是否具有相互的身份认同。对此，本章的研究表明：中国中产阶层的主观地位认同在近十余年间从高于平均水平逐渐下降到平均水平甚至以下，其中新中产阶层的主观地位认同低于老中产阶层。虽然在以往对中国公众主观地位认同的研究中，主观地位认同偏低的现象普遍存在，但是就中产阶层而言，其主观地位认同在历史纵向的比较中的下降幅度要明显大于其他阶层。可以说，在人们对中产阶层的成长寄予热望的背景下，这种现象令人忧虑。有学者认为已经出现了中产阶层认同急剧下降和下层认同急剧增长的警讯。①

对于中产阶层主观地位认同偏低的影响因素，本章展开了探讨。总体来看，在控制年龄、性别、受教育年限、收入等变量后，本研究所提出的四个研究假设在中产阶层主观地位认同的检验中，均得到验证（见表4-4）。

表4-4　研究假设检验结果

研究假设	检验结果
经济增长	相反结论
社会流动	√
体制分割	√
利益受损	√

① 冯仕政：《中国社会转型期的阶级认同与社会稳定》，《黑龙江社会科学》2011年第3期。

第一，从经济增长来看。调查年份对包括中产阶层在内的社会成员的主观地位认同有着显著的影响，但是这种影响是负面的。我们看到，上述调查所开展的年份正是中国经济快速增长并取得举世瞩目发展成就的时期，但是这一时期中产阶层的主观地位认同并没有相应提升，相反在控制其他变量后，呈现的是下降的趋势。这不得不让我们质疑所提出的研究假设：经济增长为什么没能提升人们的主观地位认同？事实上，经济增长能够创造出大量的物质财富，使人们从中获益改善生活水平。但是，经济增长并不一定能满足人们的精神需求。以往的研究表明，人们的生活幸福感提升与经济增长存在着关联，但是并非绝对的关系，甚至在特定条件下有可能是负相关。[1] 而本研究的结论发现经济增长与人们的主观地位认同是负相关的关系。这可能主要因为在中国经济增长中存在一些不合理的因素，比如收入差距过大，效率被置于公平之前，支撑经济增长的一些产业（如房地产业）的不合理发展干扰着人们的生活。在此情形下，经济增长与地位下降共生也就不难理解了。

第二，社会流动对中产阶层的主观地位认同有着正向的影响。社会流动是改革开放三十余年间中国社会开放与进步的主要脉络，数以亿计的社会成员通过向上社会流动改变着自身的命运，进入更高的社会位置，这也是中产阶层在中国不断壮大的最重要的原因。向上流动使人们获得了更高的社会地位，获得了丰厚的收入，提高着生活质量。我们有理由相信这些实现了向上社会流动的人们具有更高的主观地位认同。

第三，就业部门导致的体制分割对包括中产阶层在内的社会各群体的主观地位认同有着显著的影响。在中国，制度空间把社会成员分割为体制内与体制外，有学者提出"体制权力"概念，即体制

---

① 邢占军：《我国居民收入与幸福感关系的研究》，《社会学研究》2011 年第 1 期。

内的公共部门所拥有的公共资源处置权力，其实质是公共部门将公共资源转化为群体或个人的利益，在市场经济体制之外所形成的一种利益资源配置不平等。① 因此，体制内的群体事实上拥有着体制外群体享受不到的"体制权力"所带来的资源与利益，从而塑造着一种身份上的优势感，这种优势感转化为主观地位认同时自然而然会起到一种拉高的作用。就中产阶层而言，这种状况同样存在着。事实上，之前较早的研究认为中国中产阶层也因体制分割而存在着体制内中产与体制外中产的区分，并且二者之间存在差异，② 本研究结果再次验证了这一结论。

第四，利益受损对人们主观地位认同的负面影响是不言而喻的。在本研究中，利益受损的测量是指遇到以下问题：政府有关部门和学校乱收费，征地拆迁补偿不合理，因看病治病和医院发生纠纷，政府人员司法不公执法粗暴，下岗没有得到妥善安置，与老板（或单位）发生劳动纠纷、社会保障纠纷，买到假冒伪劣产品使生产生活受到损失等。人们利益受损的结果往往是把自己标签化为弱势群体，形成一种向下偏移的社会认同。同样，在对中产阶层样本进行考察时，利益受损对中产阶层的主观地位认同有负面的影响。也就是说，那些遭遇过利益受损的中产阶层，在主观地位认同上也会形成一种弱势的心理。

总体来看，以往的主观地位认同研究主要基于主客观地位一致性的视角，本章试图拓展研究视角。从研究结果来看，本文提出的四个研究假设在对中产阶层主观地位认同的检验中全部成立。这也表明，在快速转型的社会环境中，主观地位认同的影响因素是多元复杂的。不过从时间的纵向比较分析中，中产阶层主观地位认同呈现出的下降趋势，是需要我们进一步关注的。

---

① 张伟：《"双色蛋糕"：中间阶层的异质化特征》，《社会》2006 年第 2 期。

② 李路路、李升：《"殊途异类"——当代中国城镇中产阶级的类型化分析》，《社会学研究》2007 年第 6 期。

第五章　中产阶层民生压力感受

近年来，有关中国中产阶层生存状况不佳的报道频频见诸报端：中产阶层感受物价上涨之痛，一座房子消灭一个中产，中产阶层难圆小康梦，中产阶层沦为房奴、车奴与孩奴，等等，这些报道折射的是在民生问题日益凸显的背景下，中产阶层活得并不轻松的现实。对此，本章将探讨中产阶层的民生状况以及他们对民生压力的感受，进而分析影响他们民生压力感受的主要因素。

一　问题提出

近年来，发达国家中产阶层生存状况的恶化受到普遍关注。伴随着经济全球化进程的加快，收入两极化趋势不断加剧，社会发展不平衡性增强，全球中产阶层规模呈现一定程度上的萎缩，特别是2008年全球金融危机对中产阶层的冲击最大。[①] "在美国，社会不平等加深、中产阶层减少、社会阶层流动性下降，这些正在发生的社会危机，引起了普遍不安。"[②] 在遭受主权债务危机困扰的欧洲国家，中产阶层的情况也不乐观。以希腊为例，三年的衰退已经导致失业人数增加，而紧缩财政的改革措施更是严重影响了曾经衣食无

---

① 张茉楠：《中产阶层萎缩是经济困顿之源》，《深圳特区报》2012年12月4日。
② 吴成良、莽九晨：《贫富分化日益加剧，中产阶层不断减少：体制弊端导致美国社会愈加不平等》，《人民日报》2014年6月19日。

忧的中产阶层。据希腊一个非官方慈善组织负责人说，在过去两年里，希腊无家可归者增加了 25%，达到了 20 万人。这一数字还在增加中。① 在日本，一些学者发现尽管近几年日本的经济在复苏，"有工作的人多了，但是低收入的非正规员工占了 1/3"，相反，可以带来较好收入的中产阶层的职业却没有得到相应增加。根据一项日本官方的调查，在 20～34 岁的人群中，认为自己在社会上居于中间阶层的人，十年来降低了将近 10 个百分点，而认为自己属于下层阶层的人却增加了 13.3 个百分点。有学者将此情境概括为日本已经步入"M"型社会，中产阶层社会全面崩溃。②

事实上，"中国有关中产阶层生存状况不佳"的观点近年来也越来越多地见诸报端："中产阶层感受物价上涨之痛"③ "中产之困"④ "一座房子消灭一个中产"⑤ "中产阶层难圆小康梦"⑥ "中产阶层沦为房奴、车奴与孩奴"⑦ 等。原因正如媒体所报道的那样："刚刚富裕起来的中国人好不容易有了点积蓄，想买个房迈入中产阶层，高高的门槛让他们望而兴叹，无法通过将自己的收入变成房产从而实现收入的保值增值。想换套大一点儿的房子，卖房子的成本增加了，而买房子的成本也增加了，两边受力。一些地方政府治理拥堵，同样把矛头指向中产阶层。在上海一个车牌被拍到近 10 万元，车已经不是中产阶层的身份象征，而是生活的必需品，在买车这个环节上，中产阶层又被狠狠地宰了一刀。汽车的税本身就非常高，而在解决汽车问题的名义下，各种税费还在向本就不堪重负的小汽车上叠加。

---

① 张红：《中产阶级之殇》，《人民日报海外版》2011 年 12 月 22 日。
② 大前研一：《M 型社会：中产阶级消失的危机与商机》，中信出版社，2007。
③ 克里斯·霍格、穆弈：《中产阶层感受物价上涨之痛》，《国防时报》2011 年 5 月 11 日。
④ 陈楠：《中产之困》，《南方周末》2011 年 12 月 29 日。
⑤ 高连奎：《中产阶级的消费苦衷》，《企业家日报》2014 年 3 月 10 日。
⑥ 缥缈：《中产阶级为何难圆小康之梦?》，《中国经营报》2009 年 1 月 19 日。
⑦ 侯金亮：《中产阶层"脆弱性"值得关注》，《深圳商报》2010 年 7 月 19 日。

从房市、城市拥堵到环境污染的治理，中产阶层一次次地'中枪'。穷人无钱可收无税可课，富人有税赋的转嫁能力，可以通过转移资产等方式避税逃税。而分散的中产阶层是无力转嫁无力回避的，所以成为最大的承受者。"①

对于上述现象，有研究者指出中产阶层已沦为"夹心层"，②他们充满希望地投身于工作中，希冀成为中流砥柱，却不得不面对自己赖以遮风避雨的一片瓦；他们过得很不轻松：好不容易才凑足首付买了房，却沦为"房奴"；贷款买车，还贷养车，成为不折不扣的"车奴"；生了孩子，更是被"深度套牢"，沦落为"孩奴"；他们遭遇来自"精英联盟"的"权力排斥"——利用行政赋权获取社会资源而独霸发展机会、独吞利益结果的社会排斥。

客观来看，近些年中国经济快速增长让人们享受到发展红利，尤其是中产阶层，他们的收入快速增加，财富快速积累；同时政府也在努力改善民生，这让相当一部分公众享受到了实惠。然而也正如媒体所报道的那样，与经济增长相伴而来的是高昂的房价以及高额的教育与健康等民生领域支出，让包括中产阶层在内的公众背上沉重的包袱。那么，在获益与民生包袱双重因素的交织影响下，中产阶层的民生压力感受究竟呈现什么样的状况，本章将重点进行探讨。

二　中国民生进步与问题显化

所谓民生，就是"人们的生活——社会的生存，国民的生计，群众的生命便是"。③民生涉及人们的衣食住行等基本生活需要，满足人们民生需求亦是政府的核心任务，自改革开放以来，中国民生问题不断得到改善，人们的温饱问题被解决之后，我国基本实现小

---

① 曹林：《依赖收费是在扼杀"中产"》，《民生周刊》2013 年第 9 期。
② 张宛丽：《中产阶级为何也沦为"夹心层"》，《人民论坛》2010 年第 7 期。
③ 孙中山：《孙中山文集》，中华书局，1981，第 765 页。

康。改革开放三十余年间，随着中国经济快速发展，民生事业有了明显进步，人民生活得到了显著改善。①

一方面，居民生活水平不断提升。收入和消费是人民生活水平提高和质量改善的主要指标，是民生的重中之重。1978 年以来，中国城乡居民人均收入和消费支出显著提高，尤其是进入 20 世纪 90 年代以后。1991 年到 2010 年间，城镇居民家庭人均可支配收入从 1700.6 元增加到 19109.4 元，年均增长 8.2%，农村家庭人均纯收入从 686.3 元增加到 5919.0 元，年均增长 5.8%；城镇居民家庭人均生活消费支出从 1453.81 元增加到 13471.45 元，年均增长 12.7%；农村家庭人均生活消费支出从 619.79 元增加到 4381.82 元，年均增长 10.9%。②

另一方面，居民生活质量不断改善。1978 年至 2010 年间，中国城镇居民恩格尔系数已经从 57.5% 下降到 35.7%，进入国际标准的"比较富裕水平"；③农村则从 67.7% 下降到 41.1%，进入"宽裕水平"。从中国居民家庭看重的消费耐用品的更新情况来看，生活质量的提升更加明显。在 20 世纪 70 年代，家庭耐用消费品主要是手表、自行车和缝纫机，进入 80 年代更新为冰箱、彩电和洗衣机，90 年代变化为空调、音响和录音机，2000 年后则变为房子与车子。④ 另外，居民国内旅游量从 1994 年 5.24 亿人次上升到 2010 年 21.03 亿人次，年均增长 18.8%，旅游人均花费从 195 元提高到 353 元；私人出境旅游居民从 1995 年 205 万人次上升到 2010 年 5151 万人次，上升了 24 倍。

---

① 陆学艺主编《当代中国社会建设》，社会科学文献出版社，2013，第 46～48 页。
② 《中国统计年鉴》相关年份版，中国统计出版社。
③ 从恩格尔系数角度看，国际标准一般将居民生活水平分为"温饱及以下"（50% 以上）、"宽裕水平"（40%～49%）、"比较富裕水平"（30%～39%）三级。
④ 吕庆喆：《2010 年中国城乡居民收入和消费状况》，载汝信、陆学艺、李培林主编《2011 年中国社会形势分析与预测》，社会科学文献出版社，2011，第 22 页。

可以看出，改革开放三十余年间，中国民生事业取得了显著的进步，人们生活水平得到了显著的提高。但是，与此同时中国民生依然面临着突出的问题，并且这些问题成为今天中国社会的突出问题，即政府对民生领域的投入不足（见图 5 - 1）。根据相关统计，在政府主导型的福利制度国家，社会福利占 GDP 的 30% 以上；在市场化主导型和自治互助型的福利制度国家，社会福利占 GDP 的 20% 以上，而中国政府虽然在社会福利、社会保障方面的公共投入逐年增加，但从总体上看仍然偏低，仅占 GDP 的 8.4%。中国属于低福利、低保障的国家。

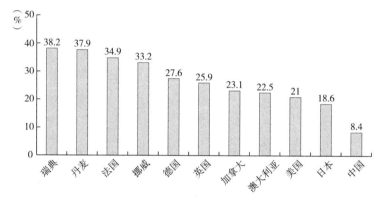

图 5 - 1　当前部分国家的社会福利开支占国民生产总值比重比较

注：此处中国的社会福利包含教育、科学技术、文化体育与传媒、社会保障和就业、医疗卫生、住房保障 6 项支出。

资料来源：刘植荣《看看外国的社会福利》，《羊城晚报》2010 年 12 月 13 日，第 5 版；《中国统计年鉴（2011）》（电子版）。

造成上述情况的主要原因是什么呢？自 20 世纪 90 年代中后期以来，中国经济社会运行体制发生了重要的变化，社会开始被"市场化"。① 在 90 年代初以来，中国开始出现商品供过于求的内需不足

---

① 胡建国：《中国问题的市场化应对与纠偏》，《中国延安干部学院学报》2011 年第 3 期。

情况，这一问题伴随着经济的快速增长而日益显现。在投资、出口、消费这三驾驱动经济增长的马车中，内需不足成为经济增长的软肋。对此，政府主要是通过不断加大投资与出口的力度来保证经济的增长。但是，对投资与出口的过分依赖，一方面是投资进一步加大了生产的能力，但无形中又加大了内需不足的困境；另一方面是过分依赖出口使得中国成为国际上外贸依存度最高的国家，一旦外部市场出现风吹草动，必然波及中国出口受挫。在此背景下，1997年亚洲金融危机爆发，使得中国经济增长本身过于依赖投资与出口而内需不足的危机显化出来——企业生产出口受挫，而在转向国内消费市场支撑难关时，又发现内需难以真正启动，于是经济增长与社会稳定的问题严峻性显化。为了应对危机，中国采取了诸多措施，将这些措施归纳起来，最突出的特征就是将社会推向市场，以社会的"市场化"来迈过危机难关，即民生需求不再由政府满足，而主要通过市场解决。教育、医疗、住房等民生需求被全面市场化、商品化与产业化。

——住房商品化。1998年7月，国务院颁布《关于进一步深化城镇住房制度改革加快住房建设的通知》，停止了过去几十年实行的福利分房制度，明确提出建立市场化住房体制并把住房产业作为经济增长的新支柱产业。

——教育产业化。1998年开始出现"教育产业化"的声音之后，1999年中国高校开始急速扩招。与此同时，教育开始全面收费，在教育产业化的过程中，市场化机制严重渗透到教育领域。

——医疗市场化。1998年中国开始推行三项医疗改革措施：医疗保险制度改革、医疗机构改革和药品流通体制改革。自此医疗改革的市场化全面启动。

对此，有学者指出，1997年的亚洲金融危机成为中国社会福利制度改革的标志性分水岭。① 住房、教育和医疗这三项重要公共物品供给纷纷于 1997 年后开始推向市场，这项举措在短期内可以说是发挥着积极的效应，突出表现在为摆脱金融危机注入强心剂，使经济重返增长的快速通道。其中，房地产作为支柱产业功不可没，教育与医疗的市场化又使得更多的国家财政资金投入经济建设领域，以此扩大了投资对经济增长的拉动效应。但是，随着社会"市场化"积极效应的递减，其负面效应开始快速显化，突出表现在公共物品消费的市场化使得公众背上沉重的压力，透支公众的总体消费能力。在面对住房、教育、医疗这三座沉重的消费大山时，公众只能大幅缩减在私人物品方面的消费，因而公众的抱怨日益高涨。对此，2003 年之后中国反思改革的声音开始显化，有识之士相继提出构建和谐社会与社会建设理念，并反思教育产业化、医疗市场化和住房商品化，以及重提教育、医疗、住房的保障性回归，社会被"市场化"开始得以纠正。然而，这种纠正在 2008 年美国"次贷"危机引发的新一轮经济危机中被打乱。2008 年中国出口再度受挫，企业歇业，工人失业。对此政府依然沿着原来的路径应对危机。一方面政府出台了 4 万亿元投资计划以确保经济增长，另一方面则是千方百计扩大刺激国内消费市场，诸如银行降低利率，消费税率减免，发放消费券，推行家电下乡、建材下乡、汽车下乡等措施。然而，巨额投资和层出不穷的消费刺激却难以形成一个充满活力的消费市场。而与此同时，中国步入高房价的阶段，民生问题进一步显化。

三　中产阶层民生状况

在过去十余年间，中国经济快速增长创造了大量的财富，基本民生得到改善，中等收入群体快速扩大，可以说中产阶层从中受

---

① 黄晓春：《"金融海啸"与中国社会政策的转变》，《社会》2009 年第 1 期。

益颇深。但是与此同时，住房、教育、医疗等民生领域的问题日益显现，使得公众民生压力显化。那么，在上述双重因素影响下，中产阶层民生状况又如何呢？我们通过对调查数据的分析来展开探讨。

（一）收入

良好收入是中产阶层的基本特征，对此本研究根据 2007 年对北京中产阶层家庭的入户调查数据展开分析。[①] 从调查结果来看，2007年中产阶层平均月收入为 5923.18 元，中产阶层家庭平均月收入合计为 10007.96 元（家庭人均月收入为 3692.97 元），远远高出北京城市居民家庭平均年收入水平 22417 元。[②] 近六成中产阶层个人月收入在 2000～4999 元之间，六成多中产阶层家庭月收入在 5000～29999 元之间（表 5－1）。

表 5－1　中产阶层个人及家庭平均月收入情况

收入分组	个　人		家　庭	
	%	累计%	%	累计%
2000 元以下	10.61	10.61	2.22	2.22
2000～4999 元	57.54	68.16	25.83	28.06
5000～9999 元	18.16	86.31	31.94	60.00
10000～29999 元	9.22	95.53	31.94	91.94
30000 元及以上	4.47	100.00	8.06	100.00
平均值（元）	5923.18		10007.96	
标准差（元）	7083.96		9284.97	

[①] 由于 CGSS 和 CSS 收入调查中低报与瞒报的情况比较严重，突出的现象是收入低于消费。所以对中产阶层收入的分析，本研究使用 2007 年对北京中产阶层家庭的调查，该调查虽然也存在着一定低报与瞒报的情况，但是对收入与消费进行比较后发现，收入调查的真实性要可靠得多。

[②] 北京市统计局：《北京市统计年鉴（2007）》，中国统计出版社，2007。

改革开放使人们的收入普遍得到提高。从调查结果来看，北京中产阶层的收入也呈现逐年快速增长的趋势。在调查中，要求被调查者报告 2000 ~ 2007 年共 8 年每年的个人总收入和家庭总收入。与 2000 年相比，2007 年 91.9% 的中产阶层个人与 92.3% 的中产阶层家庭的收入有不同程度的增长（表 5 - 2），其中近六成个人与家庭的收入增长了 1 倍以上，仅有 7% ~ 9% 的个人与家庭的收入没有变化或收入减少。而根据表 5 - 3 的统计，自 2000 年以来，中产阶层个人与家庭的收入增长呈现逐年加快的趋势。2007 年个人年收入达到了 74898.77 元，比上一年增长 23.17%，家庭年收入达到了 144231.90 元，比上一年增长 41.46%，而 2001 年个人与家庭的增长比率只有 2.98% 和 11.72%。因此，总体来看，北京中产阶层的收入也呈现逐年快速增长的趋势。无论是平均收入水平，还是收入的增长速度，北京中产阶层都远远高于其他社会群体。这也表明中产阶层是改革开放以来明显获益的群体。

表 5 - 2　2007 年中产阶层个人及家庭总收入比 2000 年增长情况

收入增长情况分组	中产阶层个人		中产阶层家庭	
	%	累计%	%	累计%
收入减少	3.28	3.28	2.15	2.15
收入没有变化	4.78	8.06	5.52	7.67
收入增长少于 1 倍	33.73	41.79	36.50	44.17
收入增长 1 ~ 1.99 倍	28.06	69.85	29.45	73.62
收入增长 2 ~ 2.99 倍	16.42	86.27	11.96	85.59
收入增长 3 ~ 4.99 倍	6.57	92.84	7.98	93.56
收入增长超过 5 倍	7.16	100.00	6.44	100.00

表 5 - 3　中产阶层个人及家庭收入的年度增长

单位：元，%

年　　份	中产阶层 个人年收入		中产阶层 家庭年收入		城镇居民 人均可支配收入	
	均　　值	增长率	均　　值	增长率	均　　值	增长率
2000	36400.00	—	60371.16	—	6280.0	6.41
2001	37486.30	2.98	67443.62	11.72	6859.6	8.50
2002	40479.39	7.98	71634.27	6.21	7702.8	13.41
2003	44544.04	10.04	77351.72	7.98	8472.2	9.00
2004	49210.58	10.48	82134.88	6.18	9421.6	7.70
2005	52576.92	6.84	89374.92	8.82	10493.0	9.60
2006	60811.28	15.66	101958.90	14.08	11759.5	10.42
2007	74898.77	23.17	144231.90	41.46	—	—

注：城镇居民人均可支配收入系全国数据，来源于《中国统计年鉴（2007）》。

中产阶层拥有较多的文化资源、组织资源与经济资源，收入的逐年快速增长与中产阶层占有较多的资源相关联。第一，从文化资源来看，中产阶层大多接受过较高层次的教育，能够获得较高的教育收益率。第二，从组织资源来看，中产阶层往往供职于那些优势的公共部门、经济组织与社会组织，这些部门组织的收入水平远高于其他部门组织。第三，从经济资源来看，由于中产阶层的收入比其他社会成员要高得多，中产阶层通过投资与理财获得的财产性收入也构成其收入的重要组成。在被调查的中产阶层中，投资持有股票与基金的中产阶层成员的月均收入最高，而那些不敢买怕赔钱的则排在收入的后位（表 5 - 4）。这里虽然有着因为收入高才会去投资的解释逻辑，但是我们更倾向于认同因为投资才会获得更高收入的分析。而随着市场化的深入推进，中产阶层占有这些资源所能获得的收益水平也有不断的提高，这也是其收入能够保持逐年快速增长的根本原因。

表5-4 投资股票与基金不同情况的中产阶层月均收入差异

单位：元

投资情况	股 票		基 金	
	平均值	标准差	平均值	标准差
持有大量	10625.00	12426.21	13625.00	17622.78
持有少量	6269.66	7278.96	6785.71	8628.99
现在没有买	6685.39	7291.96	5990.00	6201.57
从不买	5596.64	7027.27	5336.28	6553.84
想买但没有钱	4775.00	7177.22	4826.09	6699.06
不敢买怕赔钱	3800.00	2067.29	5923.08	5434.63
其他	2125.00	1314.98	5571.43	6673.51
合 计	5971.35	7139.86	5969.48	7184.76

（二）消费

消费前卫是中产阶层的基本特征。在人们的想象中，正在崛起的中国中产阶层是一个拥有极高消费能力与水平的群体。中产阶层因为拥有良好的收入水平和相对明显高出社会一般成员的消费水平，所以豪宅、私家车、时装等迅速成为中产阶层的符号，为人们所津津乐道。而中产阶层也被打上有强烈消费欲望的标签，甚至相当一部分中产阶层被认为超前消费而成为"负产阶层"。① 但是，根据我们对2011年CSS调查数据的分析，中产阶层消费水平与人们想象中的情况并不完全相同，中产阶层消费前卫的背后是消费的慎重。这表现为供房、食品等实物消费在中产阶层家庭消费结构中占有突出的位置，而服务消费没有得到充分的成长（见表5-5）。

---

① 严行方：《中产阶层》，中华工商联合出版社，2008，第90页。

表 5-5　中产阶层家庭消费支出

单位：元,%

消费支出	中产阶层		总　体	
	均　值	占总支出比重	均　值	占总支出比重
衣着支出	4632.88	5.86	2882.53	5.82
在家饮食支出	14263.48	18.03	10568.91	21.33
外出饮食支出	4233.69	5.35	2681.32	5.41
购房首付及分期偿还房贷的支出	13422.30	16.96	4111.01	8.30
住宅改建、装修的支出	4650.04	5.88	4794.38	9.68
缴纳房租的支出	1982.46	2.51	1169.28	2.36
交通支出	4064.50	5.14	2374.57	4.79
电费、水费、燃气费等	3436.22	4.34	2133.18	4.31
家用电器、家具、家用车辆等购置支出	6266.00	7.92	3359.65	6.78
通讯支出	2595.81	3.28	1796.66	3.63
教育支出	4231.16	5.35	3058.02	6.17
医疗保健支出	4163.26	5.26	3935.50	7.94
文化、娱乐、旅游支出	2280.93	2.88	960.15	1.94
赡养不在一起生活的亲属支出	2101.50	2.66	1014.48	2.05
自家红白喜事支出	3440.07	4.35	2088.93	4.22
人情往来支出	3357.41	4.24	2613.53	5.28
合　计	79121.72	100.00	49542.10	100.00

注：表中数据为 2011 年 CSS。

　　一方面，供房、食品是中产阶层家庭最主要的消费项目。从表5-5来看，中产阶层家庭食品费用支出占总支出的 23.38%，合计1.85 万元，列家庭各项支出的第一位，也就是说食品支出费用最大是中产阶层家庭的普遍特征。从恩格尔系数来看，中产阶层的食品支出费用比重远远低于全国平均水平。这也反映出中产阶层家庭的相对普遍富裕。在中产阶层家庭具体消费开支中，房贷占到了第二位，平均为 1.34 万元，占家庭总支出的 16.96%。由于中国住房市场化不过十余年，一般房贷还款期限较长，这表明有相当一部分中产阶层家庭还处于供房还贷中。

另一方面，文化娱乐、旅游、交通、教育等服务性消费支出所占比重不高。从表 5-5 来看，中产阶层家庭月均用于这些服务消费的支出均处于家庭主要消费项目支出的后位。一般来看，在消费结构中，食品支出所占比重下降，意味着服务消费支出提高，这也是现代社会中产阶层成长的一个衡量指标。但是调查数据表明，目前中产阶层的实物消费（主要是住房与食品的支出）比重最大。另外，教育消费所占比重也不高，这与中产阶层通常注重自我与下一次成长发展而进行人力资本投资的规律是相左的。服务消费所占比重不高并不是因为中产阶层在这些方面的消费需求低，对于成长中的中产阶层而言，这种消费需求应该是强烈的。造成这种情况的原因主要在于：一是实物消费压力大，这在一定程度上挤占了中产阶层其他方面的消费需求与能力；二是中产阶层对未来的忧虑以及安全感的欠缺，通常会有较高的储蓄行为，倾向于财富的积累，而减少消费意愿。[1]

（三）民生压力

在 NSS、CGSS、CSS 调查中，民生压力主要测量的问题有：子女教育费用高，住房条件差，物价上涨，赡养老人负担重，家庭收入低，工作不稳定，医疗支出大，工作负担重等。我们把这些问题集中起来，只要被调查者遇到过其中之一的压力，便被归入有"民

---

[1] 胡建国、李春玲：《北京中产阶级的现状及特征》，载李春玲主编《比较视野下的中产阶级形成：过程、影响以及社会经济后果》，社会科学文献出版社，2009。

生压力"的群体中。表 5 - 6 列出了中产阶层在民生领域面临的压力感受情况以及与其他阶层的比较。总体来看，在民生领域，企业主阶层的民生压力最小，新中产阶层次之，老中产阶层紧随其后，有60%左右的新老中产阶层在民生领域面临着来自或住房、或就业、或保障等不同方面的压力；而压力最大的是工人阶层与农民阶层，有 80%左右的工人阶层与农民阶层面临着民生领域的压力。民生压力的大小与经济地位负相关，经济地位越高，民生压力越小，反之则越大。因此，上述统计结果与各阶层的经济地位是大体一致的。

表 5 - 6 2001 ~ 2011 年各阶层民生压力感受

单位:%

阶级分类	民生压力		合　计
	没压力	有压力	
企业主阶层	56.1	43.9	100.0
新中产阶层	41.1	58.9	100.0
老中产阶层	38.5	61.5	100.0
工人阶层	22.3	77.7	100.0
农民阶层	17.3	82.7	100.0
无业失业者阶层	37.7	62.3	100.0
平　均	30.4	69.6	100.0

注: $x^2 = 1090.091$, $p < 0.05$。

进一步探讨中产阶层不同群体的民生压力感受。从表 5 - 7 的结果来看，体制内就业部门群体的民生压力感受要显著高于体制外部门的群体，前者约为 70%，后者约为 60%。现实生活中，一般认为体制内就业群体的生活保障与就业稳定水平要高于体制外群体，但是在民生压力感受方面，二者却是倒置的。在遭遇过利益受损的群体中，有约 90%的公众感受到了民生压力，而没有遭遇过利益受损的群体比例约为 60%。通常来看，利益受损导致生活质量下降，民生压力感受自然而然被强化。社会流动方面，向上社会流动群体中有 56.8% 感受到了民生压力，而在没有流动的群体中这一比例接近 80%，在向下流动群体中则接近 70%。比较而言，向上社会流动意味着获得了良好的经济地位，这有利于提高民生水平。另外，2001年、2003 年和 2005 年中国综合社会调查没有调查民生领域压力问题，2008 年和 2011 年的调查结果有民生压力感受的群体比例分别为 74.8% 和 90.5%。

表 5 - 7　中产阶层不同群体民生压力感受

单位:%

不同群体		民生问题压力		合　计	x^2 检验
		没压力	有压力		
就业部门	体制外	41.2	58.8	100.0	
	体制内	29.1	70.9	100.0	121.425****
	平均	30.2	69.8	100.0	
利益受损情况	没有遇到过	39.5	60.5	100.0	
	遇到过	11.3	88.7	100.0	1770.523****
	平均	30.2	69.8	100.0	
社会流动情况	向上流动	43.2	56.8	100.0	
	没有流动	20.7	79.3	100.0	429.389****
	向下流动	30.8	69.2	100.0	
	平均	36.2	63.8	100.0	
调查年份	2008	25.2	74.8	100.0	
	2011	9.5	90.5	100.0	3731.973****
	平均	30.2	69.8	100.0	

注:**** $p < 0.001$。

四　民生压力感受影响因素分析

表 5 - 8 共列出了 7 个 Logistic 统计模型，分别探讨了中产阶层民生压力感受的主要影响因素。这 7 个模型的因变量均为民生领域的压力感受。

表 5－8　民生压力影响因素 Logistic 回归分析

自变量	模型 1		模型 2		模型 3	
	B	Exp (B)	B	Exp (B)	B	Exp (B)
常量	－ 1518.858＊＊＊＊	—	－ 1519.305＊＊＊＊	—	－ 1424.843＊＊＊＊	—
调查年份	.759＊＊＊＊	2.136	.759＊＊＊＊	2.136	.712＊＊＊＊	2.038
性别	.189＊＊＊＊	1.208	.185＊＊＊＊	1.203	.143＊＊＊＊	1.154
年龄	－ .011＊＊＊＊	.989	－ .012＊＊＊＊	.988	－ .008＊＊＊＊	.992
受教育年限	－ .056＊＊＊＊	.945	－ .058＊＊＊＊	.944	－ .049＊＊＊＊	.952
收入对数	－ .467＊＊＊＊	.627	－ .474＊＊＊＊	.623	－ .472＊＊＊＊	.624
中产阶层 (1 = 是)	—	—	－ .076	.927	—	—
新中产阶层 (1 = 是)	—	—	—	—	－ .214＊	.808
－ 2LL	7752.165		7589.784		6120.755	
拟 R^2	.336		.327		.237	
N	7588		7294		5211	

注：＊ $p < 0.05$，＊＊ $p < 0.01$，＊＊＊ $p < 0.005$，＊＊＊＊ $p < 0.001$。

　　模型 1 的自变量包括调查年份、性别、年龄、受教育年限和收入。从年份上看，本研究使用的调查数据中只有 2008 年和 2011 年涉及对公众民生压力感受的调查，而 2008 年以来也是中国经济社会发展出现重要变化的时期。一方面是美国"次贷"危机引发的全球经济危机对中国造成了相当大的冲击；另一方面则是 2008 年以来也是中国房价步入新一轮高涨热潮的时期，高昂的房价让人们苦不堪言，媒体报道中"一套房消灭一个中产阶层"的说法也正是在这一时期出现的。这一时期的其他诸多政策，对公众的生活也产生显著的影响，如消费税过高导致公众税赋过重，一些地方政府推进限购限行政策，用市场化机制来分配公众的基本生活需求（如拍卖车号）等。所以从年份变量上看，在控制其他变量影响后，2011 年公众民

表 5-8 续　民生压力影响因素 Logistic 回归分析

自变量	模型 4		模型 5		模型 6		模型 7	
	B	Exp (B)	B	Exp (B)	B	Exp (B)	B	Exp (B)
常量	-1431.047***	—	-1433.921****	—	-1446.533****	—	-1398.62****	—
调查年份	.715****	2.044	.716****	2.047	.723****	2.060	.699****	2.011
性别	.178****	1.195	.188****	1.206	.189****	1.208	.169*	1.184
年龄	-.011****	.989	-.009****	.991	-.009****	.991	-.008*	.992
受教育年限	-.063****	.938	-.049****	.952	-.050****	.952	-.051*	.950
收入对数	-.476****	.622	-.471****	.625	-.472****	.624	-.476****	.621
中产阶层（1＝是）	-.055	.947	-.083*	.920	-.083	.921	—	—
新中产阶层（1＝是）	—	—	—	—	—	—	—	—
职业流动（1＝向上流动）	-.320****	.726	-.246****	.782	-.243****	.784	-.293****	.746
就业部门（1＝体制内）	—	—	.458****	1.581	.452****	1.572	-.140	.869
利益受损（1＝是）	—	—	—	—	.050*	1.051	.376****	1.457
							.099	1.104
-2LL	7570.732		7532.809		7532.588		3974.805	
拟 R^2	.330		.335		.335		.241	
N	7156		6573		6148		3409	

注：$*p<0.05$，$**p<0.01$，$***p<0.005$，$****p<0.001$。

生压力感受的发生概率要比 2008 年被调查公众多出 2. 136 - 1 =
1. 136 倍。从性别影响来看，男性民生压力感受的发生概率要比女性
多出 1. 208 - 1 = 0. 208 倍，这主要是因为男性往往承担着更大的家
庭生计责任。在年龄影响方面，随着年龄增加，民生压力感受的发
生概率在递减；从学历影响来看，随着受教育年限的增加，民生压
力感受的发生概率也呈现下降趋势；同样，收入的增加对降低人们
民生压力感受的影响也是十分显著的。

模型 2 在模型 1 的基础上增加"中产阶层"变量，来考察中产
阶层身份对民生压力感受的影响。从结果来看，在控制调查年份、
性别、年龄、受教育年限以及收入的影响下，虽然中产阶层民生压
力感受发生概率要比非中产阶层少，但是这种影响并不显著。不过
在增加"就业部门"这一控制变量后（见模型 5），中产阶层身份对
民生压力感受的影响变得显著——中产阶层民生压力感受的发生概
率比非中产阶层少 8%（1 - 0. 920 = 0. 080）。我们进一步考察新中
产阶层和老中产阶层在民生压力感受的发生概率是否存在差异。模
型 3 单独考察了新老中产阶层个案。分析发现，新中产阶层的民生
压力感受发生概率比老中产阶层少 19. 2%（1 - 0. 808 = 0. 192），二
者之间存在着显著的差异。

模型 4 在模型 2 的基础上增加"职业流动"变量，来考察对民
生压力感受的影响。从结果来看，在控制其他变量的影响后，职业
流动方向不同对公众的民生压力感受有着显著的影响。其中，向上
流动群体的民生压力感受发生概率比向下流动和没有流动群体要少
27. 4%（1 - 0. 726 = 0. 274），社会流动对于降低人们的民生压力感
受有着重要的意义。不过单独对中产阶层案例进行考察（模型 7），
职业流动的影响却变得不显著了。

模型 5 在模型 4 的基础上增加了"就业部门"变量，来考察体
制分割对民生压力感受的影响。结果显示，体制分割因素与公众民

生压力感受密切相关，体制内部门就业人员的民生压力感受发生概率比体制外部门就业人员要多出 1.581 - 1 = 0.581 倍。这一结果似乎验证了市场转型理论的观点——国家社会主义从再分配向市场经济的转轨，有利于直接生产者而相对不利于再分配者，有利于人力资本的经济回报而不利于政治权力的经济回报。[①] 前者代表的是体制外部门，后者代表的是体制内部门。

模型 6 在模型 5 的基础上加入"利益受损"变量，来考察其对民生压力感受的影响。在控制其他变量的影响后，利益受损对民生压力有着显著影响，那些遭遇过利益受损的群体，其民生压力感受发生概率比没有遭遇过利益受损的人们要多出 1.051 - 1 = 0.051 倍。不难看出，在生活遭遇中权益是否受到侵犯和损害是影响人们社会意识的重要因素，权益受损不仅会使遭遇者产生一种弱势的心理，而且从客观上也会使他们的经济资源受到损失，从而影响生活水平与质量。

最后，模型 7 单独对中产阶层个案进行了考察。结果显示，新中产阶层民生压力感受的发生概率，要比老中产阶层少25.4% （1 - 0.746 = 0.254）；从就业部门来看，体制内就业部门的中产阶层的民生压力感受的发生概率，比体制外部门从业群体多出 1.457 - 1 = 0.457 倍。但是，职业流动和利益受损这两个变量对民生压力感受的影响变得不显著了。这表明，在职业流动以及利益受损这两个维度上，中产阶层的民生压力感受没有出现分化。对此，可能解释有两种：一是中产阶层作为向上流动的代表，用社会流动状况来解释中产阶层民生压力感受没有意义；二是中产阶层本身具有较好的经济地位与较强的行动能力，对利益受损具有较强的修复与弥补功能，

[①] 倪志伟：《市场转型理论：国家社会主义从再分配向市场的转轨》，载边燕杰主编《市场转型与社会分层：美国社会学者分析中国》，三联书店，2002。

从而避免生计困难，因此利益受损变量对民生压力感受没有解释意义。

五 本章小结

本章重点探讨了中产阶层民生状况、民生压力感受和相关影响因素。本章想探讨的核心问题是，今天中产阶层究竟是否如媒体所报道的那样因为沦为房奴、车奴和孩奴而遭遇民生困扰，从而在社会意识中普遍存在着民生压力感受。从本章的分析结果来看，在今天民生问题显现的社会背景下，社会各阶层均不同程度地遭遇来自民生领域的不同问题（或就业，或子女教育，或社会保障，或住房，或看病等），中产阶层亦不例外。虽然中产阶层成员中有民生压力感受的比例要低于除企业主之外的其他阶层，但是其自身民生压力感受比例也高达60%左右。这亦表明民生问题同样困扰了中产阶层多数成员。

总体从民生压力感受的影响因素来看，本研究提出的四个研究假设，有两个研究假设（分别是社会流动与利益受损）虽然在对公众的民生压力感受的分析中得到了验证，但是在对中产阶层的探讨中并没有成立；还有两个研究假设（分别是体制分割与经济增长）无论是对公众还是对中产阶层民生压力感受的影响，均得到了验证（见表5-9）。

表5-9 研究假设检验结果

研究假设	检验结果
H1：经济增长	相反结论
H2：社会流动	
H3：就业部门	√
H4：利益受损	

第一，就经济增长来看，经济增长对包括中产阶层在内的社会

成员的民生压力感受均有着显著的影响，在本研究中，调查年份代表着经济增长的不同阶段，我们发现2011年包括中产阶层在内的公众的民生压力感受在发生概率上比2008年高出1倍左右。这一结论与第二章的研究结果相一致。经济增长所创造出来的财富增加，并没有相应地带来人们民生压力的减少，这种现象在中产阶层中，尤其是在地位较低的成员中普遍存在。从原因来看，主要是近年来民生压力突出，中产阶层也难以幸免。民生压力突出不仅表现为住房、教育、医疗等价格高昂，而且表现在近年来的诸多政策对公众尤其是中产阶层的生活也产生显著的影响，如消费税过高导致公众税赋过重，一些地方政府推进限购限行政策用市场化机制来分配公众的基本生活需求（如拍卖车号）等。正是在这样的背景下，中产阶层感受到生活不易，他们对经济增长表现出一种与己无关的抱怨心态，比如下面这则我们在访谈中得到的案例。

> 经济增长与我有什么关系——工资太低了，工作这几年好不容易存点钱，没想到房价涨得太离谱了，现在GDP都是靠房地产拉动的，房地产又剥削我们普通工薪阶层，敢情经济增长都是牺牲老百姓的利益，说是GDP世界第二了，但是与我们有什么关系。
>
> ——2014年对北京高校教师A的访谈

可以看出，经济增长如何转化成人们的福祉，是经济社会发展需要思考的重大问题，否则只能陷入"有增长，无发展"的困境，经济越增长，人们的生活压力感越强。

第二，就社会流动变量的影响而言，它对公众的民生压力感受有着显著的影响，那些实现向上社会流动群体的民生压力感受的发生概率要显著低于没有流动和向下流动的人群。但是，社会流动对中产阶层成员民生压力感受的影响并不显著，也就是说社会流动与中产阶层感受到民生压力并没有直接的关系。这一结论的意义在于进一步通畅向上社会流动的渠道与空间，能够提高社会中下阶级和底层阶级的经济地位，从而降低他们的民生压力，但是就降低中产阶层民生压力而言，这并不会有太显著的作用。

第三，从体制分割变量的影响来看，就业部门对包括中产阶层在内的社会成员的民生压力感受均有着显著的影响，那些体制内部门从业人员（包括中产阶层）的民生压力感受要显著高于体制外部门从业人员。在民生压力感受上，体制分割塑造着中产阶层的群体差异。但是，这一结论与以往人们的感受相左，一般认为体制内有着良好的福利保障，相对而言民生压力要小于体制外的群体。但是，事实上，在保障社会化的背景下，体制内的人们在住房、教育以及医疗等民生领域与体制外人群相比已经无明显的优势，但是从收入来看，体制内人群工资收入并不高，虽然有一些其他非工资性收入，但是这些非工资性收入并不稳定，而且近年来在政府规范和清理整顿下，非工资性收入在体制内从业人员的收入总和中所占比重快速下降，这也是体制内人群的民生压力感受增加的重要原因。

第四，就利益受损变量的影响而言，利益受损往往会导致经济上的失利，从而引发生计的困难，这在对公众民生压力感受的分析中得到了验证。但是，在对中产阶层民生压力感受的分析中，这一观点并没有被验证。是否有利益受损的经历并不会分化中产阶层在民生压力上的感受，在这一维度上中产阶层表现出较强的同质性。这一结论表明，中产阶层拥有较强的经济能力，其对利益受损具有较强的修复与弥补能力。因此，利益受损并不能导致中产阶层在生计上产生显著的压力感受。

总体来看，中产阶层的民生压力感受与他们的职业流动和利益受损并没有显著的关联。但是，体制分割与经济增长对中产阶层民生感受的影响却是显著的。就体制分割来看，体制内中产阶层的民生压力的缓解需要重点思考。另外，虽然经济增长对中产阶层的民生压力感受有影响，但是这种影响是负面的，这同样是我们需要关注的现象。经济增长为什么不能缓解中产阶层的民生压力，实质上折射的是经济增长如何给民众带来更多福祉的重大现实问题，这也是经济社会发展与进步需要解决的重大现实问题。

第六章 中产阶层社会冲突评价

经过三十余年的经济快速增长，中国已步入发展改革的关键时期。这一时期也是社会矛盾凸显的时期。近年来我国社会矛盾有增无减，各类问题大量涌现，这些矛盾与问题引发社会各界的关注。[①] 在此背景下，中产阶层对社会矛盾与冲突程度的评价呈现什么样的状态，其影响机制又呈现什么样的特征，本章将对此展开探讨。

一 问题背景

世纪之交以来，我国改革发展进入关键时期，"正经历着空前广泛的社会变革，这种变革在给我国发展进步带来巨大活力的同时，也必然带来这样那样的矛盾和问题"，[②] 由此我国进入社会矛盾凸显期。[③] 这一时期的突出特征有两个：第一，社会矛盾的范围扩散，几乎涉及社会生活的方方面面，比如农村征地、城市拆迁、劳资纠纷、行业改制、行政执法、医患纠纷、环境污染、物业维权、教育诚信

[①] 参见胡锦涛《在庆祝中国共产党成立 90 周年大会上的讲话》，《人民日报》2011 年 7 月 2 日；Whyte, M. K. , *Myth of the Social Volcano*：*Perceptions of Inequality and Distributive Injustice in Contemporary China* (Stanford, CA：Stanford University Press, 2010) .

[②] 胡锦涛：《在庆祝中国共产党成立 90 周年大会上的讲话》，《人民日报》2011 年 7 月 2 日。

[③] 张海波：《当前我国社会矛盾的总体特征、生成逻辑与化解之道》，《学海》2012 年第 1 期。

等，社会矛盾由点向面扩散，由孤立的单一性问题变成系统的政策性问题。另外，社会矛盾的发生地域扩大，农村与城市，东部、中部与西部都出现了一些类型相同的社会矛盾，一些突发的社会矛盾由局部性问题变成全国性问题。例如征地拆迁矛盾以前只在东南沿海等城市化速度较快的地区比较突出，现已蔓延至全国范围。

第二，社会矛盾的冲突程度加剧。突出表现是作为社会矛盾极端表现的群体性事件数量快速上升，规模扩大。据相关统计，我国的群体性事件数量从 1994 年的 1 万多起上升到 2004 年的 7.4 万多起，同期参与人数从 73 万人次上升到 370 万人次。据不完全统计，2005 年以来每年的群体性事件数量都在 9 万起以上。群体性事件的增长速度也在加快，1995 年和 1996 年的增长速度在 10% 左右，19972004 年年均增速高达 25.5%。与此同时，群体性事件的规模也在扩大，1994 ~ 2004 年间，参与人数年均增长 17.8%，一些群体性事件，如"瓮安事件""石首事件""通钢事件"等动辄上万人参与。[①]

总体来看，社会转型的关键时期往往也是矛盾与冲突多发的时期，而从中国公众对社会冲突的判断中，也发现情况不容乐观。[②] 分析相关事件可以发现，在中国公众对社会冲突的感受中，穷人和富人之间、上层群体和底层群体之间冲突的严重程度远高于其他群体间的冲突，这在很大程度上是因为这两类群体在改革发展中分别处于获益最多和获益甚微或相对利益受损的位置上；与此同时，对社会冲突严重程度的评价呈现持续上升的势头。尽管对社会冲突状况的评估与真实的冲突不能画等号，[③] 并且成员的认知与真实的社会

---

① 张海波：《当前我国社会矛盾的总体特征、生成逻辑与化解之道》，《学海》2012 年第 1 期。

② 李路路、唐丽娜、秦广强：《患不均，更患不公——转型期的公平感与冲突感》，《中国人民大学学报》2012 年第 4 期。

③ 参见贝克《风险社会》，何博闻译，译林出版社，2004。

政治行动不存在必然关联，但一个被认为群体间关系剑拔弩张、利益摩擦与冲突不断的社会，是有着较高运行风险的。社会冲突意识居高不下，其背后缘由及可能带来的社会政治后果值得关注与深思。

中国公众对社会冲突判断居高不下，其中中产阶层对于社会冲突的判断同样不容乐观，甚至连"中产阶层也时常感受到他们的权益遭受强势利益集团或某些政府部门的不适当政策的侵害"。[①] "中产阶层无产化""中产阶层不堪重负"的报道也时常出现在媒体中，[②] 中产阶层似乎也被卷入矛盾与冲突之中。

二 中产阶层社会冲突判断

在许多学者看来，中产阶层的阶级性格倾向于温和保守。据此思路，一个温和保守的中产阶层的社会冲突应该是不强烈的。不过，在另外一些学者看来，中产阶层是革命的急先锋，他们在维护个人利益、反对官僚统治、追求平等、迎合全球化等方面，要比工人更有明确目标和合法性策略。亨廷顿认为，在传统社会转变为现代社会的过程中，"一个中产阶层政治参与水平很高的社会，很容易产生不安定"。[③] 据此视角，中产阶层的社会冲突意识似乎更强。对此，表6-1首先列出了各阶层对社会是否存在冲突的判断情况。从统计结果来看，认为社会存在冲突的人占到了绝大多数。在2001年的调查中，有60.4%的人认为社会上存在着冲突。在2008年的调查中，有82.2%的人认为社会上存在冲突。其中，新中产阶层的这一比例均高于平均水平。

---

① 李春玲：《中产阶层的现状、隐忧及社会责任》，《人民论坛》2011年第2期。
② 孙立平：《重建社会》，社会科学文献出版社，2012，第117页。
③ 塞缪尔·亨廷顿：《变革社会中的政治秩序》，李盛平译，华夏出版社，1989，第87页。

表6-1　各阶层认为社会存在冲突的比例

单位:%

阶层分类	整　体	2001 年	2008 年
企业主阶层	75.1	55.1	86.1
新中产阶层	79.5	66.0	85.3
老中产阶层	80.6	59.4	85.8
工人阶层	76.2	62.0	82.9
农民阶层	79.7	60.4	80.1
无业失业者阶层	85.2	65.6	85.3
平　均	79.2	60.4	82.2

在 2008 年调查中，进一步调查了各阶层对社会群体间谁最容易出现利益冲突进行了公众判断。从结果来看，贫富之间、干群之间和劳资之间最容易出现冲突，居前三位。就新老中产阶层看来，干群冲突被列在了最容易出现的首位；不同的是，新中产阶层将劳资冲突排在了第二位，而老中产阶层则选择的是贫富之间（表6-2）。

表6-2　2008 年 CSS 各阶层对社会群体间最容易出现利益冲突的判断

单位:%

社会群体间　　阶　层	穷人与富人之间	干部与群众之间	城里人与乡下人之间	雇主与雇员之间	管理者与被管理者之间	高学历者与低学历者之间	体力劳动者与脑力劳动者之间
企业主阶层	23.9	17.9	6.0	14.9	20.9	1.5	6.0
新中产阶层	19.6	30.4	2.2	26.1	8.7	10.9	—
老中产阶层	22.2	28.0	5.0	16.4	12.8	3.0	3.3
工人阶层	19.3	23.8	3.8	20.5	18.2	2.5	4.2
农民阶层	29.8	22.2	7.4	12.0	8.8	1.9	3.7
无业失业者阶层	27.0	19.8	4.7	21.1	17.4	2.4	4.2
平均	25.8	23.0	5.7	16.7	12.8	2.2	3.8

注：$x^2 = 623.861$，$p < 0.05$。

表 6 - 3 列出了各阶层对今后社会群体间利益冲突是否会激化的判断。从统计结果来看，认为会激化比例最高的是无业失业者阶层，达到 47.9%；次之是农民阶层，为 46.5%；再次之是老中产阶层，为 42.9%。而新中产阶层认为利益冲突会激化的比例最低，只有31.5%，企业主阶层为 34.6%。

表 6 - 3　2008 年 CSS 各阶级对今后社会群体间利益冲突是否会激化的判断

单位:%

阶　　层＼判　　断	绝对激化	可能激化	不太会激化	不会激化	说不清	合　　计
企业主阶层	.0	34.6	38.5	3.8	23.1	100.0
新中产阶层	2.2	29.3	35.6	11.6	21.3	100.0
老中产阶层	7.8	35.1	31.8	8.7	16.6	100.0
工人阶层	5.1	32.1	25.6	10.3	26.9	100.0
农民阶层	3.2	43.3	35.7	7.6	10.2	100.0
无业失业者阶层	4.2	43.7	23.9	8.5	19.7	100.0
平　　均	6.0	35.3	32.2	9.0	17.4	100.0

注：$x^2 = 623.861$，$p < 0.05$。

表 6 - 4 则显示了中产阶层不同群体社会冲突判断。从社会流动方面来看，有 80.1% 的向上流动者、76.1% 的没有流动者和 83.1% 的向下流动者认为社会存在冲突。从调查年份来看，2001 年 62.1% 的中产阶层认为社会有冲突，2008 年这一比例上升到 82.6%。从利益受损情况来看，没有遭遇过利益受损的中产阶层中有 82.9% 的人认为社会有冲突，而在遭遇过利益受损的中产阶层中这一比例高达92.1%。从就业部门来看，体制外中产阶层中有 72.3% 的人认为社会有冲突，而体制内中产阶层这一比例为 77.4%。

三　中产阶层社会冲突判断影响因素分析

表 6 - 5 共列出 7 个 Logistic 统计模型，探讨了社会冲突判断的各主要影响因素的作用。7 个模型的因变量均为对社会冲突的判断。

表6-4　中产阶层不同群体社会冲突判断

单位:%

群　体		社会冲突判断		合　计	x^2检验
		有冲突	无冲突		
社会流动	向上流动	80.1	19.9	100.0	28.133****
	没有流动	76.1	23.9	100.0	
	向下流动	83.1	16.9	100.0	
	平均	80.0	20.0	100.0	
调查年份	2001	62.1	37.9	100.0	1089.210****
	2008	82.6	17.4	100.0	
	平均	76.8	23.2	100.0	
利益受损情况	无	82.9	17.1	100.0	31.014****
	遭遇过	92.1	7.9	100.0	
	平均	83.2	16.8	100.0	
就业部门	体制外	72.3	27.7	100.0	29.990****
	体制内	77.4	22.6	100.0	
	平均	76.8	23.2	100.0	

注:**** $p<0.001$。

表6-5　社会冲突判断影响因素 Logistic 回归分析

自变量	模型1		模型2		模型3	
	B	Exp（B）	B	Exp（B）	B	Exp（B）
常量	417.085***	—	429.398****	—	458.415****	—
调查年份	.209****	1.232	.215****	1.240	.229****	1.257
性别	.093*	1.097	.137*	1.147	.096	1.101
年龄	.004*	1.004	.007*	1.007	.003	1.003
受教育年限	.025****	1.025	.030****	1.030	.001	1.001
收入对数	.092****	1.096	.075*	1.078	.011	1.011
中产阶层（1＝是）	—	—	.049	1.051	—	—

续表

自变量	模型 1		模型 2		模型 3	
	B	Exp (B)	B	Exp (B)	B	Exp (B)
新中产阶层 (1 = 是)	—	—	—	—	.459 * * * *	1.583
−2LL	11242.021		7460.071		3367.036	
拟 R2	.097		.095		.082	
N	10252		7396		3420	

注：* $p < 0.05$，* * $p < 0.01$，* * * $p < 0.005$，* * * * $p < 0.001$。

模型 1 的自变量包括调查年份、性别、年龄、受教育年限和收入。从年份上看，本研究使用的 CSS 调查数据中只有 2001 年和 2008 年涉及对社会冲突感受的调查。从年份变量上看，在控制其他变量影响后，2008 年公众的社会冲突判断的发生概率，要比 2001 年被调查公众多出 $1.232 - 1 = 0.232$ 倍。另外，从性别影响来看，男性的社会冲突判断的发生概率要比女生多出 $1.097 - 1 = 0.097$ 倍，一般来看，男性更具有冲突意识。在年龄影响方面，随着年龄增加，社会冲突判断的发生概率亦在增加，年龄每增长 1 岁，对社会存在冲突判断的发生概率多出 $1.004 - 1 = 0.004$ 倍；从学历影响来看，随着受教育年限的增加，社会冲突判断的发生概率也呈现上升趋势，受教育年限每增加 1 年，对社会存在冲突判断的发生概率就会多出 $1.025 - 1 = 0.025$ 倍；同样，收入的增加对提升人们社会冲突判断的影响也是十分显著的。

模型 2 在模型 1 的基础上增加"中产阶层"变量，来考察中产阶层身份对社会冲突判断的影响。从结果来看，在控制调查年份、性别、年龄、受教育年限以及收入的影响后，虽然中产阶层社会冲突判断发生概率要比非中产阶层大，但是这种影响并不显著。我们进一步考察新中产阶层和老中产阶层在社会冲突判断上是否存在差

表6-5续　社会冲突判断影响因素 Logistic 回归分析

自变量	模型4		模型5		模型6		模型7	
	B	Exp（B）	B	Exp（B）	B	Exp（B）	B	Exp（B）
常量	416.756****	—	443.537****	—	-1.434	.238	12.580	290817.768
调查年份	.209****	1.232	.222****	1.249	.000	1.000	.007	1.007
性别	.134*	1.144	.131*	1.140	.217**	1.242	.197+	1.218
年龄	.008**	1.008	.009***	1.009	.005	1.005	-.001	.999
受教育年限	.035****	1.036	.028***	1.028	.061***	1.063	.048***	1.049
收入对数	.072*	1.074	.077*	1.080	-.053	.949	-.035	.966
中产阶层（1＝是）	.066	1.068	.069	1.071	.043	1.043	—	—
新中产阶层（1＝是）	—	—	—	—	—	—	.394**	1.483
职业流动（1＝向上流动）	.175**	1.191	.163*	1.177	-.024	.976	.076+	1.079
就业部门（1＝体制内）	—	—	.185*	1.204	.325**	1.385	.433*	1.542
利益受损（1＝是）	—	—	—	—	.602*	1.826	.928*	2.529
-2LL	7452.500		7445.865		4514.476		2425.445	
拟 R2	.096		.097		.032		.048	
N	6548		5937		5260		2751	

注：$^+ p < 0.01$，$^* p < 0.05$，$^{**} p < 0.01$，$^{***} p < 0.005$，$^{****} p < 0.001$。

异。模型 3 单独考察了新老中产阶层个案。分析发现,新中产阶层的社会冲突判断发生概率比老中产阶层要多出 1.583 - 1 = 0.583 倍,二者之间存在着显著的差异。

模型 4 在模型 2 的基础上增加"职业流动"变量,来考察社会流动对社会冲突判断的影响。从结果来看,在控制其他变量的影响后,社会流动状况对公众的社会冲突判断有着显著的影响。其中,向上流动群体认为社会存在冲突判断的发生概率比向下流动和没有流动群体多出 1.191 - 1 = 0.191 倍。

模型 5 在模型 4 的基础上增加了"就业部门"变量,来考察体制分割对社会冲突判断的影响。结果显示,体制分割因素与公众社会冲突判断密切相关,体制内部门就业人员的社会冲突判断发生概率比体制外部门就业人员要多出 1.204 - 1 = 0.204 倍。

模型 6 在模型 5 的基础上加入"利益受损"变量,考察其对社会冲突判断的影响。在控制其他变量的影响后,利益受损对社会冲突判断有着显著的影响,那些遭遇过利益受损的群体,其社会冲突判断发生概率比没有遭遇过利益受损的人群要多出 1.826 - 1 = 0.826 倍。不难看出,在生活中遭遇利益受损是影响人们社会意识的重要因素,更容易使人们产生一种不公平和冲突的心理。

最后,模型 7 单独对中产阶层样本进行了考察。结果显示,新中产阶层社会冲突判断的发生概率,要比老中产阶层多出 1.483 - 1 = 0.483 倍;从就业部门来看,体制内就业部门中产阶层的社会冲突判断发生概率比体制外部门从业群体多出 1.542 - 1 = 0.542 倍。从利益受损来看,遭遇过利益受损的中产阶层的社会冲突判断发生概率比没有遭遇过利益受损的人群要多出 2.529 - 1 = 1.529 倍。从职业流动来看,向上流动的中产阶层的社会冲突判断依然高于其他中产阶层群体,不过在经济增长方面,不同调查年代所代表的经济发展状况对中产阶层的社会冲突判断没有显著的影响。可以看到,模型 6 和模型 7 在加入利益受损变量后,调查年份变量的影响从显著变为不显著,由此可以推断,在之前的模型中,调查年份之所以有显著的影响主要是因为掺杂有利益受损变量的影响。

四 本章小结

本章重点探讨了中产阶层的社会冲突判断和相关影响因素。本章关心的问题是,在社会冲突凸显的背景下,中产阶层对社会矛盾与冲突程度的评价呈现什么样的状况,其影响机制又呈现什么样的特征。从分析结果来看,在普遍感到社会存在冲突的情况下,较高比例的中产阶层成员对社会存在着有冲突的判断。并且中产阶层成员对社会存在冲突的判断要高于除无业失业者阶层之外的其他阶层,这表明中产阶层对社会存在冲突的判断更加敏感。

从影响中产阶层社会冲突判断的因素来看,本研究提出的 4 个研究假设中,有 1 个研究假设(经济增长)虽然在对公众的民生压力感受的分析中得到了验证,但是在对中产阶层的社会冲突判断探讨中并没有成立;还有 3 个研究假设(社会流动、体制分割与利益受损)无论是对公众还是对中产阶层的社会冲突判断的影响,均得到了验证(表 6 - 6)。

表 6 - 6　研究假设检验结果

研究假设	检验结果
经济增长	
社会流动	√
体制分割	√
利益受损	√

第一,就经济增长来看。经济增长仅对社会成员社会冲突判断有着显著的影响,而对中产阶层没有显著影响。在本研究中,调查年份代表着经济增长的不同年份,我们发现较之 2001 年,2008 年公

众的社会冲突判断的比例更高，但是对中产阶层而言，这两个年份的差异并不显著。可能的解释是具备较强的社会冲突意识是中产阶层的阶级特征，并不会因为时间的改变而发生变化，尤其是新中产阶层。

第二，就社会流动而言。社会流动对公众做出社会存在冲突判断有着显著的影响，那些实现向上社会流动群体对社会存在冲突判断的发生概率要显著地高于没有流动和向下流动的人们。同样，社会流动对中产阶层成员的社会冲突判断有着显著的影响。

第三，从体制分割来看。就业部门对包括中产阶层在内的社会成员的社会冲突判断均有着显著的影响，那些体制内部门从业人员（包括中产阶层）的社会冲突判断的发生概率，要显著高于体制外部门从业人员。体制分割成为分裂中产阶层意识的一个重要因素。

第四，就利益受损而言。利益受损往往会导致经济资源的损失，从而导致冲突意识的产生，在对包括中产阶层在内的社会全体成员社会冲突判断的分析中可以看到，是否遭遇过利益受损显著地影响着中产阶层对社会存在冲突的判断。

第七章　中产阶层社会公平感受

改革开放三十余年间，中国经济社会发展在取得显著成就的同时，也出现诸多亟待解决的问题，其中社会不公平问题尤为迫切。当一个社会的公平出现了问题，引发人们强烈的不公平感时，往往意味着社会存在失序的风险。那么在中产阶层的社会意识中，他们的公平感呈现什么样的状况与特征，这是本章所关注的问题。一般看来，人们对于社会现实公平与否的价值判断会影响到他们的社会政治态度,[①] 这对于研究中产阶层崛起所带来的经济、社会和政治影响，是无法回避的问题。

一　研究背景

（一）社会公平感受释义

社会公平感受是指人们对自己在社会中所获得的收入、地位和声望与其他人比较或者与自己过去比较而获得的一种主观评价。社会的公平是通过大多数人的社会公平感体现出来的，如果大多数人社会公平感的满意度比较高，那么，社会的公平和正义就体现得比较好；相反，如果大多数人社会公平感的满意度比较低，那么，社会的公平和正义就需要及时进行调整。当然，社会的公平是相对的，

---

① 李春玲：《各阶层的社会不公平感比较分析》，《湖南社会科学》2006 年第 1 期。

而不是绝对的。社会公平感的获得与个人的各种主观心理因素有关，也要受到各种客观社会因素的影响。[①]

一般而言，处于优势地位的人或中上阶层的成员倾向于认为社会现实是较为公平或合理的，而处于劣势地位的人或下层阶层的群体更倾向于认为现实社会是不公平或不合理的。各阶层对社会不公平现象的感受越不同，越可能形成差异性的阶级意识。上层阶层与下层阶层对于社会不公平现象的看法差距越大，引发社会冲突的可能性就越大。如果下层阶层的社会不公平感十分强烈，同时又看不到社会不公平现象得以改进的前景，就可能产生反抗和破坏社会现实的行为。不过，也并非绝对如此，在某些社会中和历史条件下，下层阶层的成员接受了中上阶层的价值观念，尽管在现实社会中存在着社会经济差异，但是人们认为这是相对公平和相对合理的，这种社会是一种价值高度整合的、稳定的社会。相反，在某些社会中和历史条件下，中上阶层成员与下层阶层成员同样认为现实社会充满了不公平和不合理现象，这就有可能导致革命现象出现，如法国大革命时期和俄国革命时期。[②]

社会公平感存在着很大的个体差异，因为它既包含着个人对自己收入、地位和声望的期望程度，也包含着个人对这些方面的价值选择和价值标准评判。个人的价值选择不同，价值标准不同，比较的参照系不同，对自己和对社会的期望就不同，所获得的社会公平感亦不相同。对自己的收入、社会地位和声望的期望都很高的人，由于很难达到自己期望的目标，因而容易产生不公平感。相反那些期望较低的人，相对而言不公平感就不那么明显。所以，在同样的条件下不同人的社会公平感有所不同。其中，工作和奋斗的目的就

---

① 赵琼:《影响社会公平感的心理因素和社会因素》，《光明日报》2005 年 5 月 10 日。

② 李春玲:《各阶层的社会不公平感比较分析》，《湖南社会科学》2006 年第 1 期。

是价值选择，这是影响社会公平感的核心，决定着比较的标准以及对比较结果的评判。社会公平感还与个人对自己和对社会的期望有关。

(二) 中国社会不公平现象与公众感受

近年来，中国社会不公平现象尤其引人关注，它成为政府与社会公认的最严重的社会问题之一。概括来看，社会不公平集中表现在两个方面：一是资源配置不公平，二是机会获得不平等。

1. 资源配置不公平

资源配置不公平直接表现为收入差距持续扩大，贫富分化严重。改革开放以来，围绕着以经济建设为中心，政府制定了"效率优先、兼顾公平"的发展取向，公平原则被放在效率原则之后，在分配领域亦是如此。这导致收入分配差距持续扩大，这一现象主要表现为基尼系数居高不下。根据国家统计局公布的数据（表7－1），2003年中国基尼系数为 0. 479，2014 年为 0. 469，2014 年虽然有所下降，但是依然处于警戒线之上。事实上，根据非官方的测算，中国基尼系数还要高得多。[1] 在贫富差距持续扩大的同时，贫富分化也在快速出现。根据相关统计，2000 年以来，中国财富出现快速集中的趋势，一个规模相当的财富群体在快速崛起，他们掌握着大量的财富，社会的贫富分化加剧。[2]

---

[1]　例如，根据西南财经大学中国家庭金融调查与研究中心的测算，2010 年中国家庭收入的基尼系数为 0. 61，比 2000 年官方公布的数据要高出 0. 17 个点。参见《西南财经大学报告：垄断行业并非基尼系数高主因》，人民网，2012 年 12 月 11 日，http：//finance. people. cn/stock/n/2012/1211/c6 7815 - 19855800. html。

[2]　参见陆学艺主编《当代中国社会结构》社会阶层结构部分的内容，社会科学文献出版社，2010。

表 7-1 2003~2014 年中国基尼系数变动

年份	2003	2004	2005	2006	2007	2008	2009	2010	2011	2012	2013	2014
基尼系数	.479	.473	.485	.487	.484	.491	.490	.481	.477	.474	.473	.469

资料来源：2003~2012 年数据来自朱剑红《0.47-0.49 统计局首次发布十年基尼系数略高于世行计算的数据》，《人民日报》2013 年 1 月 19 日；2013 年数据来自《基尼系数的警示》，《光明日报》2014 年 7 月 31 日；2014 年数据来自柴秋实、吕笑啸《居民收入基尼系数六连降》，《人民日报》2015 年 1 月 21 日。

一般来看，过大的贫富差距会影响社会制度的公正与权威，削弱国家的凝聚力。贫富差距通过个体的心理作用和社会心理的传播导致了普遍的社会不满。① 近些年来，收入差距的持续扩大引发公众的不满。2008 年 CSS 调查了公众对收入不公平程度的判断（表 7-2）。从统计来看，只有 28.9% 的人认为收入是"比较公平"和"很公平"；而有 67.5% 的人认为"很不公平"和"不太公平"。另外，CGSS 和 CSS 在多个年份的调查中测量了公众对当前社会突出问题的判断（表 7-3）。可以看出，收入差距过大贫富分化问题一直稳居前五位：在 2003 年、2006 年、2008 年的调查中，排在第 3 位；在 2011 年的调查中，排在第 4 位。

表 7-2 2008 年 CSS 调查公众对收入是否公平的判断

单位:%

选 项	很不公平	不太公平	比较公平	很公平	不清楚	合 计
比 例	24.2	43.3	25.5	3.4	3.5	100.0

表 7-3 公众对社会最突出问题的判断

单位:%

排 序	2003 年		2006 年	
1	失业	29.8	看病难、看病贵	31.5

① 胡联合、胡鞍钢：《贫富差距是如何影响社会稳定的》，《江西社会科学》2007 年第 9 期。

续表

排　序	2003 年		2006 年	
2	腐败	25.8	就业失业问题	19.4
3	贫富分化	18.1	收入差距过大贫富分化问题	10.9
4	社会保障	7.5	贪污腐败问题	9.3
5	社会治安	6.4	养老保障问题	6.7
排　序	2008 年		2011 年	
1	就业失业	14.0	物价上涨	23.2
2	看病难看病贵	19.2	看病难看病贵	18.5
3	收入差距过大贫富分化	8.5	就业失业	12.7
4	物价上涨	27.0	收入差距过大贫富分化	10.9
5	贪污腐败	6.0	贪污腐败	9.9

2. 机会获得不平等

1978 年以来，中国社会进步一个显著的标志就是社会流动的开放，大规模社会流动的出现使得人们获得了改变人生命运的机会，也为中国经济社会发展释放了巨大的活力。① 然而，近年来，社会资源的配置方式和配置结构逐渐出现了封闭的趋势，社会流动中家庭背景等先赋性因素的影响日益强化，机会获得不平等现象开始显现，社会流动的渠道变窄，② 一些优势位置的获得开始出现代际传承。由此"官二代""富二代"和"农二代""贫二代"开始成为社会各界关注的话题。③ 这些话题折射的是社会流动中机会获得不平等的现象。

社会流动的封闭或开放，影响着人们社会流动机会的获得，必然也会影响着人们的社会公平感受。从 CSS2006 年和 2008 年公众对

---

① 参见陆学艺主编《当代中国社会流动》，社会科学文献出版社，2014。

② 余秀兰：《教育还能促进底层的升迁性社会流动吗》，《高等教育研究》2014 年第 7 期。

③ 刘林平、沈宫阁：《"贫二代"现象及其发生机制实证分析》，《人民论坛》2014 年第 2 期；王平：《"贫二代"能不再"贫"吗》，《瞭望》2009 年第 36 期。

社会主要领域公平程度感受的调查结果来看（表7-4），在工作与就业机会方面，2006年有48.9%的被调查者认为公平，2008年这一比例为44.2%；在高考制度方面，2006年有83.9%的被调查者认为公平，2008年这一比例为87.8%；在提拔干部方面，2006年有40.3%的被调查者认为公平，2008年这一比例为55.2%。总体来看，公众对高考制度的公平性感受最高，对工作与就业机会的公平性感受最低。

表7-4　公众对社会主要领域公平程度的感受

单位:%

公平程度	工作与就业机会		高考制度		提拔干部	
	2006年	2008年	2006年	2008年	2006年	2008年
很公平	7.4	6.2	27.1	31.1	7.1	9.9
比较公平	41.5	38.0	56.8	56.7	33.2	45.3
不大公平	40.9	41.5	13.3	9.3	42.2	31.6
很不公平	10.2	14.2	2.8	2.9	17.5	13.2
合　计	100.0	100.0	100.0	100.0	100.0	100.0

一个社会存在的合法性，在很大程度上与社会的公平性相关。如果人们产生了不公平感，那么他们同时会产生"相对剥夺感"，而这将唤起人们的不满情绪。一些冲突学派的社会学家提出绝对剥夺和绝对贫困都不一定会导致激烈的冲突和反抗，但是当人们认识到未来的可能性，又发现自己没有足够的手段去实现这种可能性时，就会有更大的可能性产生激烈的社会冲突。[1] 总体来看，在开放的社会结构中，人们能够凭借自己的能力，利用社会提供的各种机会去实现愿望、提升社会地位，他们对社会的公平感自然就高。反之，在封闭的社会结构下，人们只能凭借出身、家族势力等先赋性因素获得社会地位，多数人没有提升自己社会地位的机会，就会导致人

[1]　Coser, Lewis A., *the Functions of Social Conflict* (London: Free Press, 1956).

们对社会不满和产生不公平感受。

二 中产阶层社会公平感受

表 7-5 展示了 CGSS 和 CSS 多个调查年份关于各阶层对社会公平感受的调查结果。总体来看，在所有年份的调查中社会公平感受高于平均水平的有老中产阶层和农民阶层，而低于平均水平的只有新中产阶层和工人阶层，企业主阶层除了 2011 年外，其他年份也要高于平均水平。比较而言，新中产阶层的社会公平感受低于老中产阶层。

表 7-5 各阶层认为社会公平的比例

单位:%

阶级分类	2006 年	2008 年	2011 年
企业主阶层	72.5	67.6	53.8
新中产阶层	60.2	56.2	47.5
老中产阶层	72.0	68.3	61.1
工人阶层	61.5	60.9	52.8
农民阶层	77.9	66.2	58.4
无业失业者阶层	63.2	68.2	57.6
平　均	67.5	61.6	54.4

表 7-6 进一步分析了 2008 年调查中各阶层对社会 12 个主要领域的公平感受情况（表中公平感受满分值为 5）。比较而言，对高考制度的公平感受是最高的，达到了 3.86，接近于比较公平；而城乡待遇领域的公平感受最低，仅为 2.17。同样，老中产阶层对社会各主要领域的公平感受多数高于新中产阶层，除了在城乡待遇、社会保障待遇这 2 个社会领域方面略低于新中产阶层外，其他 10 个领域都高于新中产阶层。

表 7 - 6　2008 年各阶层对社会主要领域的公平感受

阶层分类	财政税收政策	工作就业机会	个人发展机会	高考制度	城乡待遇	社会保障待遇
企业主阶层	3.29	3.10	3.34	3.70	2.15	2.98
新中产阶层	3.26	3.03	3.36	3.84	2.23	2.94
老中产阶层	3.50	3.26	3.50	3.94	2.16	2.86
工人阶层	3.76	3.25	3.08	3.98	2.11	3.31
农民阶层	2.83	2.85	2.86	3.29	1.97	2.65
无业失业者阶层	3.31	2.89	3.24	3.78	2.18	2.83
平　均	3.39	3.10	3.36	3.86	2.17	2.89

注：公平程度赋值 1~5 分，1 分代表很不公平，5 分代表十分公平。

表 7 - 6 续　2008 年各阶层对社会主要领域的公平感受

阶层分类	地区行业待遇	公共医疗	义务教育	享有政治权利	司法执法	提拔干部
企业主阶层	2.76	3.20	3.66	3.58	2.76	3.05
新中产阶层	2.93	3.18	3.78	3.48	2.61	2.81
老中产阶层	2.99	3.25	3.81	3.54	2.73	3.00
工人阶层	2.24	2.70	3.73	3.64	3.28	2.95
农民阶层	2.49	2.71	3.26	3.24	2.17	2.91
无业失业者阶层	2.84	3.01	3.73	3.44	2.68	2.79
平　均	2.89	3.16	3.76	3.50	2.69	2.88

注：公平程度赋值 1~5 分，1 分代表很不公平，5 分代表十分公平。

　　表 7 - 7 则显示了中产阶层不同群体的社会公平感受。从社会流动方面来看，在向上流动的中产阶层群体中有 27.6% 认为社会是不公平的，在没有流动的中产阶层群体中有 45.0% 认为社会是不公平的，而在向下流动的中产阶层中这一比例为 29.7%。从调查年份来看，2006 年有 55.6% 的中产阶层认为社会是不公平的，2008 年这一比例为 56.1%，在 2011 年则为 66.8%。从利益受损

情况来看，在没有遭遇过利益受损的中产阶层中有 30.4% 认为社会是不公平的，而在遭遇过利益受损的中产阶层群体中有 43.7% 认为社会是不公平的。从就业部门来看，在体制外中产阶层群体中有 50.9% 认为社会是不公平的，而在体制内中产阶层中这一比例为 40.2%。

表 7 - 7　中产阶层不同群体社会公平感受

单位:%

群　　体		社会公平判断		合　计	x^2
		不公平	公　平		
社会流动	向上流动	27.6	72.4	100.0	566.442 * * * *
	没有流动	45.0	55.0	100.0	
	向下流动	29.7	70.3	100.0	
	平均	34.0	66.0	100.0	
调查年份	2006	55.6	54.4	100.0	6838.357 * * * *
	2008	56.1	43.9	100.0	
	2011	66.8	33.2	100.0	
	平均	55.3	44.7	100.0	
利益受损情况	没有遭遇过	30.4	69.6	100.0	465.951 * * * *
	遭遇过	43.7	56.3	100.0	
	平均	33.8	66.2	100.0	
就业部门	体制外	50.9	49.1	100.0	345.012 * * * *
	体制内	40.2	59.8	100.0	
	平均	42.5	57.5	100.0	

注: * * * * $p < 0.001$。

三　中产阶层社会公平感受影响因素分析

表 7 - 8 列出了社会公平感受影响因素 Logistic 回归分析的结果，7 个回归分析模型的因变量均为社会公平。

表 7 - 8 社会公平感受影响因素 Logistic 回归分析

自变量	模型 1		模型 2		模型 3	
	B	Exp (B)	B	Exp (B)	B	Exp (B)
常量	- 353.250 * * * *	.000	- 290.660 * * * *	.000	- 320.095 * * * *	.000
调查年份	.177 * * * *	1.193	.146 * * * *	1.157	.162 * * * *	1.176
性别	.099 * * *	1.104	.123 * *	1.130	.137 +	1.147
年龄	- .020 * * * *	.980	- .017 * * * *	.983	- .028 * * * *	.973
受教育年限	- .057 * * * *	.945	- .088 * * * *	.916	- .174 * * * *	.840
收入对数	.012	1.012	- .142 * * * *	.868	- .237 * * * *	.789
中产阶层 (1 = 是)	—	—	.627 * * * *	1.872	—	—
新中产阶层 (1 = 是)	—	—	—	—	.187 +	1.205
- 2LL	21987.249		11711.634		4406.696	
拟 R2	.124		.113		.199	
N	17059		9430		4078	

注：* $p < 0.05$，* * $p < 0.01$，* * * $p < 0.005$，* * * * $p < 0.001$。

模型 1 的自变量包括调查年份、性别、年龄、受教育程度和收入。从年份上看，在控制其他变量的影响后，调查年份每推进一个单位，公众社会不公平感受发生概率就会多出 1.193 - 1 = 0.193 倍。这种情况出现的原因可能是资源配置不公平、贫富分化严重和机会获得不平等。另外，从性别影响来看，男性社会不公平感受的发生概率要比女性多出 1.104 - 1 = 0.104 倍，这主要是因为男性对社会不公平的感受更为敏锐。从年龄上看，随着年龄的增长，社会不公平感受呈现明显的下降趋势，认为社会公平感受明显上升，年龄每增加 1 岁，社会不公平感受发生概率就减少 2%。从受教育年限来看，受教育年限的增加对降低人们社会不公平感受的影响也是十分显著的。

表7-8续　社会公平感受影响因素 Logistic 回归分析

自变量	模型4		模型5		模型6		模型7	
	B	Exp（B）	B	Exp（B）	B	Exp（B）	B	Exp（B）
常量	-319.228****	.000	-315.175****	.000	933.589****	.	1000.950****	S. E,
调查年份	.161****	1.174	.159****	1.172	-.464****	.629	-.497****	.608
性别	.170****	1.186	.170****	1.185	.080	1.083	-.001	.999
年龄	-.022****	.978	-.022****	.979	-.018****	.983	-.023****	.977
受教育年限	-.063****	.939	-.061****	.941	-.080****	.923	-.085****	.919
收入对数	-.112****	.894	-.111****	.895	.032	1.033	.045	1.046
中产阶层（1=是）	.484****	1.622	.483****	1.621	.176***	1.193	—	—
新中产阶层（1=是）	—	—	—	—	—	—	-.247*	.781
职业流动（1=向上流动）	-1.037****	.355	-1.037****	.354	-.292****	.747	-.675****	.509
就业部门（1=体制内）	—	—	.057	1.058	-.531****	.588	.440****	1.553
利益受损（1=是）	—	—	—	—	.625****	1.868	.619****	1.857
-2LL	11239.219		11238.077		7352.245		2885.797	
拟 R2	.174		.183		.224		.297	
N	8765		8541		7294		3106	

注：* p<0.05，** p<0.01，*** p<0.005，**** p<0.001。

模型 2 在模型 1 的基础上增加"中产阶层"变量，来考察中产阶层身份对社会公平感受的影响。从结果来看，在控制调查年份、性别、年龄、受教育年限以及收入的影响下，中产阶层社会不公平感受的发生概率要比非中产阶层多出 1.872 − 1 = 0.872 倍，二者之间存在着显著的差异。我们进一步考察新中产阶层和老中产阶层在社会公平感受的发生概率上是否存在差异。

模型 3 单独考察了中产阶层样本。分析发现，新中产阶层的社会公平感受发生概率比老中产阶层多出 1.205 − 1 = 0.205 倍。这一现象与新中产阶层沦为"夹心层"不无关系，他们充满希望地投身于工作，但是压力重重，好不容易才凑足首付买了房却沦为"房奴"，贷款买车却成为"车奴"；生了孩子却沦落成"孩奴"。[1]

模型 4 在模型 2 的基础上增加"职业流动"变量，来考察社会流动对社会公平感受的影响。从结果来看，在控制其他变量的影响后，职业流动状况对公众的社会公平感受有着显著的影响。其中，向上流动的群体认为社会不公平的发生概率比向下流动和没有流动群体少 64.5%，社会流动对于降低人们的社会不公平感受有着重要的意义。

模型 5 在模型 4 的基础上增加了"就业部门"变量，来考察体制分割对社会公平感受的影响。结果显示，体制分割因素对社会公平感受的影响并不显著，但是在模型 7 对中产阶层样本的分析中，体制分割因素就变得显著了，而且越是体制内成员越认为社会不公平。这一结果似乎验证了市场转型理论的观点——国家社会主义从再分配向市场经济的转轨，有利于直接生产者而相对不利于再分配者，有利于人力资本的经济回报而不利于政治权力的经济回报。[2] 前

---

① 张宛丽：《中产阶层为何也沦为"夹心层"》，《人民论坛》2010 年第 7 期。
② 倪志伟：《市场转型理论：国家社会主义从再分配向市场的转轨》，载边燕杰主编《市场转型与社会分层：美国社会学者分析中国》，三联书店，2002。

者代表的是体制外部门，后者代表的则是体制内部门。

模型6在模型5的基础上加入"利益受损"变量，来考察其对社会公平感受的影响。在控制其他变量的影响后，利益受损对社会公平感受有着显著的影响，那些遭遇过利益受损的群体，其社会不公平感受发生概率比没有遭遇过利益受损的人们多出 1.868 - 1 = 0.868 倍。不难看出，在生活中权益受到侵犯和损害是影响人们社会意识的重要因素，它不仅会使遭遇者产生一种弱势的心理，而且从客观上也会使他们的经济资源受到损失，从而影响着人们对社会是否公平的评判感受。

最后，模型7单独对中产阶层样本进行了考察。结果显示，在加入社会流动、体制分割和利益受损变量后，新中产阶层社会不公平感受的发生概率要比老中产阶层少21.9%；从社会流动来看，社会流动状况对中产阶层的社会公平感受有着显著的影响，其中向上流动群体认为社会不公平的发生概率比向下流动群体和没有流动群体少49.1%。再从就业部门来看，在控制其他变量的影响后，体制内就业部门中产阶层的社会不公平感受的发生概率比体制外部门的中产阶层多出 1.553 - 1 = 0.553 倍。[1] 从利益受损来看，在控制其他变量的影响后，利益受损对社会公平感受有着显著的影响，遭遇过利益受损中产阶层的社会不公平感受发生概率比没有遭遇过利益受损的中产阶层要多出 1.857 - 1 = 0.857 倍。

四　本章小结

本章重点探讨了中产阶层的社会公平感受和相关影响因素。本章探讨的核心问题是，当前中产阶层的公平感受究竟如何，其中社

---

[1]　在表7-7的统计描述中，体制内中产阶层的社会不公平感受要低于体制外的中产阶层，这里可能掺杂着其他因素的影响。

会流动、体制分割、利益受损和经济增长对社会公平感受的判断究竟发挥怎样的影响。从本章的分析结果来看，在今天社会不公平问题加重的背景下，社会各阶层均不同程度地认为社会不公平（包括城乡待遇不公平、社会保障待遇不公平、地区行业待遇不公平、司法执法不公平和提拔干部不公平等），中产阶层亦不例外。他们的关注点也从实实在在的资源配置不公，转移到更高层次的机会获得不平等。而且值得关注的是，中产阶层成员中有社会不公平感受的比例要高于其他阶层。这亦表明社会不公平问题同样困扰了中产阶层。

从社会公平感受的影响因素来看，本研究提出的 4 个研究假设，有 1 个研究假设（经济增长）在对公众的社会公平感受的分析中和在对中产阶层的探讨中都没有成立；还有 3 个研究假设（分别是社会流动、体制分割与利益受损）无论是对公众还是对中产阶层社会公平感受的影响，均得到了验证（表 7-9）。

表 7-9 研究假设检验结果

研究假设	检验结果
经济增长	
社会流动	√
体制分割	相反结论
利益受损	√

第一，就社会流动而言，它对中产阶层社会公平感受有着显著的影响，那些实现向上流动的中产阶层社会不公平感受的发生概率要显著地低于没有流动和向下流动的中产阶层。这一结论的意义在于应进一步畅通向上社会流动的渠道与空间，能够提供给社会中下阶层和底层阶层部分群体更好的经济地位，从而提升他们的社会公平感受。

第二，从体制分割来看，就业部门对中产阶层成员的社会公平感受有着显著的影响，体制内就业部门的中产阶层的社会不公平感受发生概率要显著高于体制外部门的中产阶层，体制分割成为分裂中产阶层意识的一个重要边界。这一结论与我们的研究假设是相反的，较之体制外部门的中产阶层，体制内中产阶层被视为受益更多的群体，他们应该更倾向于认为社会是公平的。但是事实上，体制内中产阶层群体的收入处境并不乐观："他们真的很辛苦，收入又低。多数公务员没有任何灰色收入；更多的公务员是勤勤恳恳工作的，而这些人的工资待遇，已连续几年没有调整提高，跟现在物价的涨幅，也是不匹配的。"①

第三，就利益受损而言，利益受损往往导致人们经济资源的损失，从而导致他们对社会的不满，这在对中产阶层的社会不公平感受的分析中得到了验证。是否遭遇过利益受损，与中产阶层是否具有社会不公平感受有着显著的相关性，与一般社会群体相比，中产阶层更容易察觉到自身利益受损，这在很大程度上更能够左右他们对社会公平感受的判断。

第四，就经济增长来讲，调查年份对中产阶层社会不公平感受有着显著的影响。事实上，不同调查年份代表着经济增长的不同阶段，然而 GDP 增加并没有使中产阶层（包括其他社会成员）的社会公平感受随之提升。这也再次折射出这样一个重大问题——经济增长如何转化为人们的福祉，使大多数社会成员共享发展的收益，从而提高社会公平感受，依然需要破题。

① 《基层公务员涨工资没有悬念》，http://www.offcn.com/zhuanti/lianghui/。

第八章　中产阶层政治态度

中产阶层持什么样的社会政治态度，他们的崛起会引发什么样的政治影响，在 20 世纪 80 年代中后期，中国学者刚开始对中产阶层这一问题感兴趣时，便关注到这个问题。在一些理论家的眼中，中产阶层是政治民主的推进力量。进入 90 年代后，随着中产阶层在中国的出现，学者开始转向强调中产阶层在政治上所秉持的保守性，即中产阶层支持渐进改革而反对激进变革，因此中产阶层是社会政治稳定的基础。那么，中国中产阶层的政治态度究竟如何，其影响因素是什么，本章将对此展开分析探讨。

一　问题提出

一般来看，中产阶层的崛起往往意味着政治民主化的到来。例如格拉斯曼从历史比较视角论证了中产阶层与民主政治之间的关联，认为中产阶层为民主政治提供了基础。[①] 这种观点的重要依据是中产阶层的行为方式和态度理念表现出明显的政治民主特征。对此，在对包括中国在内的亚洲国家中产阶层的研究中，许多学者也是基于同样的逻辑，认为在亚洲国家和地区中，经济发展推动形成了一个

---

① Glassman, Ronald M, *The New Middle Class and Democracy in Global Perspective* (London: Macmillan Press, 1997).

个生机勃勃的市民社会，在市民社会体制下又出现了一个规模庞大的中产阶层队伍，这些中产阶层受教育程度高，公民政治参与意识强，开始关心政治生活的质量，不断地要求获得政治权利，并力求在制度上和法律上保护其权利和利益。①

然而，也有一些学者提出了不同的观点，在他们看来，包括中国在内的亚洲中产阶层由于受文化传统和现实环境的影响，他们的政治态度呈现不同的特质。M. 琼斯和 D. 布朗认为，由于受传统东方政治文化的影响，东亚中产阶层具有政治保守主义倾向并依附于强势的政府。② 萧新煌等的研究也指出，东亚中产阶层在政治方面表现出矛盾性：一方面具有自由主义倾向并追求民主，另一方面企求安全稳定和依附于国家。③ 这些研究发现，东亚中产阶层的兴起往往处于这些国家高速的经济增长时期，国家权力较强并进行经济干预和施行促进经济增长的政策，中产阶层受益于经济增长和强势国家，因而他们希望维持社会政治稳定，从而保障自身经济利益。④

具体到中国。从成长环境来看，中产阶层的经济利益与体制分割有着密切联系。周晓虹认为：中国中产阶层的政治倾向是政治淡漠，即"消费前卫、政治后卫"，⑤ 主要在于中产阶层的几个主要构成部分——私营企业主、企业经理人员和专业技术人员、政府官员

---

① 张蕴岭：《亚洲现代化透视》，社会科学文献出版社，2001；张翼：《当前中国中产阶级的政治态度》，《中国社会科学》2008 年第 2 期。
② Jones, David Martin and David Brown, Singapore and the Myth of the Liberalizing Middle Class. *Pacific Review*, 1994 (1); Jones, David Martin, Democratization, Civil Society and Illiberal Middle Class Culture in Pacific Asia. *Comparative Politics*, 1998 (2).
③ 萧新煌、王宏仁：《从东亚到东南亚的中产阶级研究：理论与经验》，载李春玲主编《比较视野下的中产阶级形成：过程、影响以及社会经济后果》，社会科学文献出版社，2009。
④ 李春玲：《寻求变革还是安于现状：中产阶级社会政治态度测量》，《社会》2011 年第 2 期。
⑤ 周晓虹主编《中国中产阶级调查》，社会科学文献出版社，2005。

和事业单位的专业人员——都与国家保持紧密联系，而且是政府改革开放政策的极大受益者，他们"对现存的政治和社会体制不会有变革的欲望"，"或者说，在他们和国家之间发生冲突的可能性不大"。① 还有学者在对中国地方的研究中发现，私营企业主和国有企业的经理都与当地的党政领导有着良好的个人或社会关系。有调查表明，中国私营企业主中的 1/3 是以前的干部。而在中小城市，中产阶层的主体仍然是党政事业机关工作人员。②

另外，从文化环境来看，中国作为威权主义国家，传统文化中有对权力依附的社会心理。就中产阶层而言，"在政治和利益的博弈之中，中产阶层只能孤军奋战。在体验过无数次个体单挑体制的悲壮结局之后，中产阶层也不得不学'乖'了。就像在一些不公平的拆迁中，当拆迁户明白对抗无果之后，就会争先恐后地去争夺率先拆迁而获得的一些'奖金'。逐渐地，中产阶层的这些经验会化为一种势利文化和心理结构而固定下来。他们不再属于市场，甚至不再像上世纪（20 世纪）80 年代那样普遍地相信个人奋斗，相信公平规则，有些人变得只希望更近地依附、委身于权力。曾有中产阶层成员如此精妙地概括自己的价值观：我不痛恨这个体制，我只痛恨自己不能进入这个体制"。在此环境中，在一些研究者看来，中产阶层的奋斗充其量也只是在追求个人职业生涯的发展和突破，在社会政治倾向上他们是消极的。③

那么，中产阶层究竟是社会稳定力量，还是改革的推动器？对此，学者的讨论主要是从"受益"和"追求民主"的阶级特质展开来的，然而我们注意到中产阶层崛起的过程，往往处于一个国家或

---

①　周晓虹：《中产阶级：何以可能与何以可为?》，《江苏社会科学》2002 年第 6 期。

②　李铁：《中国中产阶级成灰色阶层，难当社会稳定器》，《时代周报》2010 年 1 月 14 日。

③　李铁：《中国中产阶级成灰色阶层，难当社会稳定器》，《时代周报》2010 年 1 月 14 日。

地区经济社会深刻转型期，日益复杂的社会生态对中产阶层社会政治态度往往造成不同方面的影响。所以我们有必要拓宽视野，将社会变革的多维因素纳入中产阶层政治态度的分析视野中来，中国亦是如此。

二 中产阶层民主意识

民主意识高低在一定程度上体现了人们对政治的参与愿望和关心程度。民主意识越高，人们参与政治的态度就越积极。CGSS 和 CSS 调查了公众民主的态度：是否同意只有老百姓对国家和地方的大事都有直接的发言权或决定权才算是民主（或者是老百姓应该听从政府的，下级应该听从上级的），我们把选项合并为两类（0 = 不同意，1 = 同意）来分析包括中产阶层在内的各阶层的民主意识。从统计结果来看（表 8 - 1），有 65.6% 的新中产阶层认同上述观点，次之是企业主阶层为 59.8%，再次之是工人阶层为 55.4%，老中产阶层在工人阶层之后，比例为 54.7%。

表 8 - 1　各阶层民主意识

单位:%

阶级类别	国家大事有政府来管，老百姓就不用多管了/老百姓应该听从政府的，下级应该听从上级的		合　　计
	不同意	同　意	
企业主阶层	40.2	59.8	100.0
新中产阶层	34.4	65.6	100.0
老中产阶层	45.3	54.7	100.0
工人阶层	44.6	55.4	100.0
农民阶层	61.3	38.7	100.0
无业者阶级	65.1	34.9	100.0
平　　均	41.8	58.3	100.0

注：$x^2 = 623.861$，$p < 0.05$。

表8-2统计了中产阶层不同群体的民主意识程度。从社会流动方面来看，"没有流动"和"向下流动"的中产阶层群体同意公众对国家大事有发言权与决定权的比例（对应为68.3%和66.5%）要明显高于"向上流动"的中产阶层群体（为54.0%）。从调查年份来看，中产阶层同意公众对国家大事有发言权与决定权，2008年时为59.3%，2011年时为60.6%。从利益受损情况来看，没有遭遇过利益受损的中产阶层中有61.3%同意公众对国家大事有发言权与决定权，略高于遭遇过利益受损的中产阶层群体（58.8%）。从就业部门来看，体制外部门的中产阶层有69.4%同意公众对国家大事有发言权与决定权，明显高于体制内就业的中产阶层（58.1%）。

表8-2　中产阶层不同群体民主意识

单位:%

群　　体		国家大事有政府来管，老百姓就不用多管了/老百姓应该听从政府的，下级应该听从上级的		合　计	x^2
		不同意	同　意		
社会流动	向上流动	46.0	54.0	100.0	23.983 *
	没有流动	31.7	68.3	100.0	
	向下流动	33.5	66.5	100.0	
	平均	42.2	57.8	100.0	
调查年份	2006	34.2	65.8	100.0	18.354
	2008	40.7	59.3	100.0	
	2011	39.4	60.6	100.0	
	平均	39.9	60.1	100.0	
利益受损情况	没有遭遇过	38.7	61.3	100.0	11.624
	遭遇过	41.2	58.8	100.0	
	平均	39.9	60.1	100.0	

续表

群　　体		国家大事有政府来管，老百姓就不用多管了/老百姓应该听从政府的，下级应该听从上级的		合　计	x^2
		不同意	同　意		
就业部门	体制外	30.6	69.4	100.0	
	体制内	41.9	58.1	100.0	18.828 *
	平均	39.9	60.1	100.0	

注：* $p < 0.05$。

表 8 - 3 列出了 7 个 Logistic 回归方程来测量民主意识的影响因素，模型的因变量均为民主诉求意愿。

在基准模型 1 中，我们探究了调查年份、性别、年龄、受教育年限和收入水平对民主意识的影响程度。从调查年份来看，在 2006 ~ 2011 年间，时间的推进对人们的民主意识没有显著的影响。从年龄来看，年龄对民主意识有着显著的影响，年龄每增加 1 岁，民主意识发生概率要少 1.7%；从教育程度来看，人们受教育程度每增加 1 年，民主意识的发生概率要多出 1.126 - 1 = 0.126 倍；同时，高收入群体的民主意识更为强烈。模型 1 的研究数据符合社会基本现实，即随着社会成员的年龄增长，其社会态度更趋于稳定和保守，认为社会结构发生变化会对当下和今后生活造成冲击。同样，随着人们受教育年限的增加，公民政治参与意识大大增强，因此其民主意识提升也符合学者的研究结果。此外，相较于低收入群体通过体力劳动获取收入，高收入人群一般更希望通过民主活动获得政策上的支持，以便获得更大自身利益，因此其民主意识更为强烈。

模型 2 在模型 1 的基础上增加了"中产阶层"变量，来考察中产阶层身份对民主意识的影响。从结果来看，在控制调查年份、性别、年龄、受教育年限以及收入的影响后，中产阶层更愿意通过民主诉求的方式来表达政治观点和争取平等权利，其民主意识发生概率要比非中产阶层多出 1. 226 - 1 = 0. 226 倍。模型 3 进一步分析了新老中产阶层民主意识的差异。从结果来看，新中产阶层的民主意识要高于老中产阶层，但是差异并不明显。

表 8 - 3　民主意识影响因素 Logistic 回归分析

自变量	模型 1		模型 2		模型 3	
	B	Exp (B)	B	Exp (B)	B	Exp (B)
常量	61. 809	—	54. 834	—	- . 825	—
调查年份	- . 032	. 969	- . 028	. 972	. 000	1. 000
性别	. 062	1. 064	. 077	1. 081	. 064	1. 066
年龄	- . 017****	. 983	- . 018****	. 982	- . 014*	. 986
受教育年限	. 118****	1. 126	. 110****	1. 116	. 106****	1. 112
收入对数	. 210****	1. 233	. 214****	1. 239	. 160**	1. 173
中产阶层 (1 = 是)	—	—	. 204***	1. 226	—	—
新中产阶层 (1 = 是)	—	—	—	—	. 059	1. 061
- 2LL	5690. 582		5316. 381		1754. 136	
拟 R2	. 104		. 107		. 072	
N	4443		4157		1428	

注：* p < 0. 05，** p < 0. 01，*** p < 0. 005，**** p < 0. 001。

模型 4 在模型 2 的基础上增加了"职业流动"变量，来考察其对民主意识的影响。从结果来看，在控制其他变量的影响后，职业流动状况对人们的民主意识并没有显著的影响。向上流动的人们的民主意识与那些没有流动或向下流动的人们之间并不存在显著的差异。

模型 5 在模型 4 的基础上加入了"就业部门"变量，来考察体制分割因素对民主意识的影响。结果显示，体制分割对民主意识的影

表 8-3 续　民主意识影响因素 Logistic 回归分析

自变量	模型 4		模型 5		模型 6		模型 7	
	B	Exp（B）	B	Exp（B）	B	Exp（B）	B	Exp（B）
常量	56.326	—	72.177	—	65.891	—	1.812	6.124
调查年份	-.029	.971	-.037	.964	-.034	.967	-.002	.998
性别	.076	1.079	.073	1.076	.074	1.076	.076	1.079
年龄	-.018****	.982	-.018****	.982	-.018****	.982	-.013*	.987
受教育年限	.109****	1.116	.107****	1.113	.107****	1.113	.093****	1.098
收入对数	.214****	1.239	.219****	1.244	.218****	1.244	.158+	1.172
中产阶层（1=是）	.208***	1.231	.203**	1.226	.203**	1.226	—	—
新中产阶层（1=是）	—	—	—	—	—	—	.059	1.060
职业流动（1=向上流动）	.023	1.023	.023	1.023	.023	1.023	.242+	1.274
就业部门（1=体制内）	—	—	-.065	.937	-.064	.938	.025	1.025
利益受损（1=是）	—	—	—	—	-.011	.989	.053	1.054
-2LL	5316.286		5315.830		5315.820		1750.569	
拟 R2	.107		.103		.105		.075	
N	3817		2123		1976		1428	

注：+ $p<0.1$，* $p<0.05$，** $p<0.01$，*** $p<0.005$，**** $p<0.001$。

响同样不显著。这表明，体制内与体制外部门的人们在民主意识上呈现同质化的特征，他们的民主意识没有显著的差异。

模型 6 在模型 5 的基础上增加了"利益受损"变量，来考察其对民主意识的影响。在控制其他变量的影响后，利益受损对民主意识的影响并不显著。按照研究假设，当人们的利益受到损害时，他们往往更倾向于对现有社会秩序进行批判，在民主要求方面呈现更强烈的意识。但是，本研究的分析结果并不支持这样的观点。我们注意到这样的社会现实：当社会成员利益受损时，他们并非首先通过民主方式向政府寻求支持，而更多的是找人托关系，来寻求自身权利的维护。从这个结果来看，民主意识在利益受损群体中并不明显高于其他群体。

模型 7 单独考察了中产阶层样本。从结果来看，除了收入因素之外，中产阶层的民主意识在多个维度上的差异性均变得不显著了，就连新老中产阶层间的差异性也失去显著。不过，"职业流动"变量对民主意识的影响开始显著，虽然这种显著性较低（$p <$ 0.1），但是也在相当程度上表明了向上流动的中产阶层民主意识更强。

三 中产阶层对政府工作的评价

CGSS 和 CSS 调查在多个年份中调查了公众对当地政府工作的评价，我们对这些评价进行汇总统计（表 8 - 4）。从描述统计来看，有 43.6% 的人对当地政府工作给予了好评，有 56.4% 的人给予了一般或不好的评价。其中，新中产阶层与老中产阶层对政府工作的正面评价均高于平均水平，而企业主阶层、工人阶层与农民阶层的评价均低于平均水平。

表 8 - 4　各阶层对当地政府工作评价

单位:%

阶级分类	政府工作评价		合　　计
	一般或不好	好	
企业主阶层	59.1	40.9	100.0
新中产阶层	53.3	46.7	100.0
老中产阶层	55.9	44.1	100.0
工人阶层	60.8	39.2	100.0
农民阶层	60.5	39.5	100.0
无业失业者阶层	55.8	44.2	100.0
平　　均	56.4	43.6	100.0

注: $x^2 = 356.734$, $p < 0.001$。

表 8 - 5 则显示了中产阶层不同群体对政府工作的评价情况。从社会流动方面来看,"向上流动""没有流动"和"向下流动"的中产阶层对政府的积极评价呈现不断下降的趋势(分别为 53.3%,45.5%,39.7%)。从调查年份来看,2001 年有 45.2% 的中产阶层对政府工作给予了积极的评价,在 2006 年这一比例为 62.9%,在 2008 年是 50.4%,2011 年则为 21.8%。从利益受损情况来看,没有遭遇过利益受损的中产阶层中有 56.3% 对政府工作评价优良,明显高于遭遇过利益受损的中产阶层群体(仅为 27.1%)。从就业部门来看,体制外部门中产阶层群体对政府评价为"好"的比例为41.5%,而体制内中产阶层的这一比例为 50.8%。

表 8 - 5　中产阶层不同群体政府工作评价

单位:%

不同群体		政府工作评价		合　　计	x^2 检验
		一般或不好	好		
社会流动情况	向上流动	46.7	53.3	100.0	
	没有流动	54.5	45.5	100.0	
	向下流动	60.3	39.7	100.0	51.229****
	平均	49.0	51.0	100.0	

不同群体		政府工作评价		合　计	x^2检验
		一般或不好	好		
调查年份	2001	54.8	45.2	100.0	1120.901****
	2005	50.7	49.3	100.0	
	2006	37.1	62.9	100.0	
	2008	49.6	50.4	100.0	
	2011	78.2	21.8	100.0	
	平均	51.9	48.1	100.0	
利益受损情况	没有遭遇过	43.7	56.3	100.0	437.741****
	遭遇过	72.9	27.1	100.0	
	平均	49.2	50.8	100.0	
就业部门	体制外	58.5	41.5	100.0	63.986****
	体制内	49.2	50.8	100.0	
	平均	51.9	48.1	100.0	

注：****$p < 0.001$。

进一步来看各阶层对政府各项工作的评价。历年 CSS 关于公众对政府工作评价的调查详略不一，我们就以 2011 年 CSS 调查为例展开分析，经过对原数据的转化处理，我们把各阶层对政府工作的评价高低赋值为 1~5 分，值越高评价也越高，反之则越低。表 8-6 报告了统计结果，结果呈现如下的特征：①各阶层对政府各项工作评价中最差的一项是"廉洁奉公，惩治腐败"，得分为 2.84，处于较差的水平；而评价最好的一项是"义务教育"，总体得分为 3.84，接近较好的水平。对于新老中产阶层而言，这两项政府工作也是评价最差和最好的。②比较而言，在对政府工作评价中，新老中产阶层评价高出平均水平的是扩大就业，而对政府其他工作的评价大多数低于其他阶层。

表 8-6　各阶层对政府各项工作的评价

阶级分类	医疗卫生服务	社会保障	义务教育	环境治理	社会治安	廉洁奉公，惩治腐败
企业主阶层	3.65	3.59	4.00	3.28	3.39	2.89
新中产阶层	3.46	3.46	3.83	3.19	3.40	2.76
老中产阶层	3.51	3.41	3.84	3.20	3.31	2.69
工人阶层	3.46	3.40	3.79	3.30	3.45	2.81
农民阶层	3.58	3.40	3.86	3.31	3.55	2.89
无业失业者阶层	3.51	3.40	3.89	3.33	3.63	2.89
整体	3.51	3.41	3.84	3.29	3.48	2.84
F	4.228****	1.920	3.364***	2.222*	7.778****	3.584**

注：$*p<0.05$，$**p<0.01$，$***p<0.005$，$****p<0.001$；表中数据为 2011 年 CSS。

表 8-6续　各阶层对政府各项工作的评价

阶级分类	依法办事执法公平	增加人们收入	住房保障	扩大就业	政府信息公开
企业主阶层	3.18	3.48	3.44	3.41	3.25
新中产阶层	2.99	3.33	3.26	3.29	2.95
老中产阶层	2.98	3.35	3.08	3.28	2.96
工人阶层	3.03	3.33	3.15	3.23	3.00
农民阶层	3.10	3.34	3.10	3.18	3.00
无业失业者阶层	3.25	3.33	3.18	3.38	3.10
整体	3.06	3.34	3.15	3.24	3.00
F	4.563**	.953	4.867****	3.872***	2.871*

注：$*p<0.05$，$**p<0.01$，$***p<0.005$，$****p<0.001$；表中数据为 2011 年 CSS。

表 8-7 列出了政府工作评价影响因素的 7 个分析模型。在基准模型 1 中，自变量为调查年份、性别、年龄、受教育年限和收入水平。从调查年份来看，在 2001～2011 年间，人们对政府工作评价给

予好评的发生概率随着调查年份每推进 1 年要多出 1.180 − 1 = 0.180 倍。事实上，近些年来，随着民生问题的凸显，政府推出了一系列惠民政策，如社会保障的全员覆盖、新农村建设、减免农业税、加大保障房建设等，虽然这些政策并没有充分缓解民生问题，但还是让公众尤其是底层公众感受到政府在努力解决问题。从年龄来看，年龄每增加 1 岁其对政府工作的正面评价降低 1.3%；从受教育程度来看，受教育程度每增加 1 年，其对政府工作的正面评价降低 3.8%；此外，收入水平和政府工作评价之间也呈现负相关关系。教育程度高和收入高的公众对政府工作评价较低，而这些群体主要是中产阶层。所以在模型 7 中我们对中产阶层样本进行分析时发现，随着调查年份的推进，中产阶层对政府工作的评价呈现下降的趋势。一个重要的可能原因是政府近些年的惠民政策更多顾及的是底层群体，这使得中产阶层沦为"夹心层"。另外在模型 6 中，当加入"利益受损"变量时，随着调查年份的推进，人们对政府工作的评价也呈现下降的趋势。

模型 2 在模型 1 的基础上增加了"中产阶层"变量，来考察中产阶层身份对政府工作评价的影响。从结果来看，在控制调查年份、性别、年龄、受教育年限以及收入的影响下，中产阶层对政府工作的评价相对要高，但是在增加"利益受损"这一控制变量后（见模型 6），中产阶层身份对政府工作评价的影响变得不显著了。模型 3 进一步单独考察了中产阶层样本，分析新中产阶层和老中产阶层对政府工作评价的情况。从结果来看，新中产阶层对政府工作评价相对老中产阶层要低 17.5%，[①] 这体现出新中产阶层对政府工作有着更多的不满，或者说是更高的要求和期待。

---

① 在表 8 - 7 样本描述统计中新中产阶层对政府工作给予好的评价的比例要高于老中产阶层，可能掺杂有年龄、学历、收入等因素的干扰。而当剔除这些因素的干扰后，仅从群体类别来看，新中产阶层对政府工作的好评要低于老中产阶层。

表 8 - 7　政府工作评价影响因素 Logistic 回归分析

自变量	模型 1		模型 2		模型 3	
	B	Exp（B）	B	Exp（B）	B	Exp（B）
常量	- 330.747 * * * *	—	- 185.899 * * * *	—	- 186.938 * * * *	—
调查年份	.165 * * * *	1.180	.093 * * * *	1.098	.095 * * * *	1.099
性别	.049	1.050	.043	1.044	.056	1.057
年龄	- .013 * * *	.987	- .006 * * *	.994	- .012 * * * *	.988
受教育年限	- .039 * * * *	.962	- .048 * * * *	.953	- .096 * * * *	.908
收入对数	- .084 * * * *	.920	- .125 * * * *	.883	- .204 * * * *	.815
中产阶层（1 = 是）	—	—	.486 * * * *	1.626	—	—
新中产阶层（1 = 是）	—	—	—	—	- .192 *	.825
- 2LL	13468.851		11695.332		5198.634	
拟 R2	.092		.051		.073	
N	11022		8833		3912	

注：+ p < 0.1，* p < 0.05，* * p < 0.01，* * * p < 0.005，* * * * p < 0.001。

模型 4 在模型 2 的基础上增加了"职业流动"变量，来考察社会流动对政府工作评价的影响。结果显示，在控制其他变量的影响后，职业流动状况对政府工作评价有着显著的影响。其中，"向上流动"群体对政府工作好评的发生概率要比"没有流动"的群体小 60.6%（1 - 0.394 = 0.606），随着社会地位的提升，社会成员对于政府工作评价更趋向于不满意。

模型 5 在模型 4 的基础上加入了"就业部门"变量，来考察体制分割对政府工作评价的影响。数据显示，体制分割因素与政府工作评价呈显著正相关，即体制内部门就业人员对政府工作给予好评的发生概率要比体制外部门就业人员多出 1.450 - 1 = 0.450 倍，这表明了体制内外差异的客观存在，体制内部门就业人员与政府工

表 8-7续 政府工作评价影响因素 Logistic 回归分析

自变量	模型 4		模型 5		模型 6		模型 7	
	B	Exp（B）	B	Exp（B）	B	Exp（B）	B	Exp（B）
常量	-232.150****	.000	-209.016****	.000	743.287****	43.161	788.906*	66.881
调查年份	.116****	1.123	.104****	1.110	-.370****	.691	-.393****	.675
性别	.079****	1.082	.082+	1.085	.042	1.043	.041	1.042
年龄	-.009****	.991	-.007****	.993	.001	1.001	.000	.999
受教育年限	-.025****	.976	-.009	.991	-.008	.993	.006	1.006
收入对数	-.094****	.910	-.088****	.916	.056+	1.058	-.011	.989
中产阶层（1=是）	.326****	1.386	.315****	1.371	-.027	.974	—	—
新中产阶层（1=是）	—	—	—	—	—	—	—	—
职业流动（1=向上流动）	-.932****	.394	-.938****	.391	.035	1.035	-.044+	.957
就业部门（1=体制内）	—	—	.371****	1.450	-.072	.931	-.149	.862
利益受损（1=是）	—	—	—	—	-.237****	.789	-.286*	.752
-2LL	11334.946		11287.710		9079.185		4228.364	
拟 R2	.103		.109		.176		.170	
N	8641		8468		7294		3409	

注：+ $p<0.1$，* $p<0.05$，** $p<0.01$，*** $p<0.005$，**** $p<0.001$。

人员有着高度的重合，他们更倾向于对自身的工作做出好的评价。但是，在模型7对中产阶层样本进行分析时我们发现，就业部门变量对中产阶层的政府工作评价的影响变得不显著了，也就是说体制内中产阶层的政府工作评价并不比体制外部门高。

模型6在模型5的基础上增加了"利益受损"变量，来考察其对政府工作评价的影响。在控制其他变量的影响后，利益受损与政府工作评价呈负相关。那些遭遇过利益受损的群体，对政府工作的评价要低21.1%。这表明，权益是否受到侵犯和损害是影响人们对政府工作优劣判断的重要因素，那些在现实中遭遇利益受损的阶层，对政府工作的评价更低，对政府工作的不满也更强烈。

模型7单独考察了中产阶层样本。从结果来看，调查年份、职业流动和利益受损这三个变量对中产阶层政府工作评价有着显著的影响，不过这三个变量的影响均为负面的。另外，就业部门对中产阶层政府工作评价的影响不显著，体制内与体制外部门的中产阶层在这个问题上，没有表现出显著的差异。

四　中产阶层对政治改革的态度

CGSS和CSS在历年的调查中很少涉及公众对政治体制改革态度的选题，仅有NSS在2001年调查了这一问题。从统计结果来看（表8-8），有55.7%的被调查者认为政治体制改革是有好处的，44.3%则认为没有好处。其中，中产阶层、企业主阶层和农民阶层认为政治体制改革会带来好处的比例高于平均值。

表8-8　各阶层对政治体制改革的态度

单位:%

阶层分类	政治改革评价		合　　计
	无好处	有好处	
无业失业者阶层	63.6	36.4	100.0
农民阶层	35.7	64.3	100.0

续表

阶层分类	政治改革评价		合　计
	无好处	有好处	
工人阶层	48.5	51.5	100.0
老中产阶层	40.5	59.5	100.0
新中产阶层	43.5	56.5	100.0
企业主阶层	39.1	60.9	100.0
平　均	44.3	55.7	100.0

注：$x^2 = 13.987$，$p < 0.05$。

表8-9进一步列出了中产阶层不同群体对政治改革的态度。从社会流动方面来看，有55.3%向上流动的中产阶层认为政治体制改革会有好处，而在没有流动的中产阶层中这一比例为58.1%，在向下流动的中产阶层中为49.5%。从就业部门来看，体制内外就业差异对中产阶层政治评价的影响不大，体制外部门的中产阶层群体认为政治改革有好处的比例为57.5%，而体制内就业的中产阶层这一比例为52.9%。

表8-9　中产阶层不同群体政治体制改革态度

单位：%

不同群体		政治改革评价		合　计	x^2
		无好处	有好处		
社会流动情况	向上流动	44.7	55.3	100.0	51.229
	没有流动	41.9	58.1	100.0	
	向下流动	50.5	49.5	100.0	
	平均	44.5	55.5	100.0	
就业部门	体制外	42.5	57.5	100.0	5.860**
	体制内	47.1	52.9	100.0	
	平均	45.9	54.1	100.0	

注：** $p < 0.01$。

　　表8－10列出了6个Logistic回归方程,来对政治体制改革态度的影响因素展开分析。在基准模型1中,我们调查了性别、年龄、受教育年限和收入水平对政治体制改革态度的影响。从性别来看,男性认为政治体制改革有好处的发生概率比女性要多出1.314－1＝0.314倍。从年龄和收入来看,随着年龄和收入的增长,认为政治体制改革有好处的发生概率呈现下降的趋势,但是影响不显著。从受教育年限看,受教育年限每增加1年,认为政治体制改革有好处的发生概率多出1.020－1＝0.020倍。

　　模型2在模型1的基础上增加了"中产阶层"变量,来考察中产阶层身份对政治体制改革态度的影响。从结果来看,中产阶层认为政治体制改革有好处的发生概率要高于非中产阶层,但是影响并不显著。这表明,是否为中产阶层不是区分人们对政治体制改革态度的标志。模型3单独考察了中产阶层样本。从结果来看,新老中产阶层在政治体制改革态度上的差异也不显著。但是,年龄因素对政治体制改革的影响开始显著,年龄每增加1岁,认为政治体制改革有好处的发生概率要多出1.059－1＝0.059倍,年长的中产阶层较年轻的中产阶层在政治体制改革方面有着更多的期待。

　　模型4在模型2的基础上增加了"职业流动"变量,来考察社会流动对政治体制改革态度的影响。从结果来看,在控制其他变量的影响后,职业流动状况对政治体制改革态度没有显著的影响。社会流动影响着人们的经济社会地位,但是对人们关于政治体制改革的态度并没有表现出显著的相关性。

　　模型5在模型4的基础上加入了"就业部门"变量,来考察体制分割对政治体制改革态度的影响。从结果来看,体制分割对政治体制改革的态度有着显著的影响,体制内部门的人们认为政治体制改革有好处的发生概率要比体制外部门的人们少29.8%。这表明体制内人们更倾向于接受现有的政治体制。

表 8 – 10　政治体制改革态度影响因素 Logistic 回归分析

自变量	模型 1		模型 2		模型 3	
	B	Exp (B)	B	Exp (B)	B	Exp (B)
常量	– .008	—	– .611	—	.206	—
性别	.273 * * * *	1.314	.315 * * *	1.371	.000	.999
年龄	– .003	.997	.000	1.000	.057 *	1.059
受教育年限	.020 *	1.020	.049 * *	1.050	.045	1.046
收入对数	– .005	.995	.014	1.014	.298	1.348
中产阶层 (1 = 是)	—	—	.119	1.126	—	—
新中产阶层 (1 = 是)	—	—	—	—	– .728	.483
– 2LL	4226.760		1863.443		620.056	
拟 R2	.010		.021		.015	
N	3077		1371		462	

注: * $p < 0.05$, * * $p < 0.01$, * * * $p < 0.005$, * * * * $p < 0.001$。

表 8 – 10 续　政治体制改革态度影响因素 Logistic 回归分析

自变量	模型 4		模型 5		模型 6	
	B	Exp (B)	B	Exp (B)	B	Exp (B)
常量	.318 * * *	1.374	.326 * * *	1.385	– .355	.701
性别	.000	.999	– .002	.998	.226	1.253
年龄	.050 * * *	1.051	.043 *	1.044	.001	1.001
受教育年限	.013	1.013	.010	1.010	.049	1.050
收入对数	.125	1.133	.105	1.111	– .010	.990
中产阶层 (1 = 是)	– .067	.935	– .073	.929	—	—
新中产阶层 (1 = 是)	—	—	—	—	.914 *	2.494

续表

自变量	模型 4		模型 5		模型 6	
	B	Exp (B)	B	Exp (B)	B	Exp (B)
职业流动 (1 = 向上流动)	.550	1.733	.144	1.154	.129	1.137
就业部门 (1 = 体制内)	—	—	- .354 *	.702	- .805 * *	.447
- 2LL	1863.116		1861.747		612.424	
拟 R2	.021		.022		.037	
N	1052		873		462	

注：* p < 0.05，* * p < 0.01，* * * p < 0.005，* * * * p < 0.001；2001 年调查中没有调查公众利益遭遇侵犯的情况，所以关于政治体制改革影响因素分析缺少"利益受损"这一自变量。

　　模型 6 单独考察了中产阶层样本。和模型 3 相比，模型 6 增加了"职业流动"和"就业部门"两个控制变量后，新老中产阶层之间在认为政治体制改革有好处这一态度上开始出现差异，新中产阶层认为政治体制改革有好处的发生概率比老中产阶层多出 2.494 - 1 = 1.494 倍。这表明，较之老中产阶层，新中产阶层对政治体制改革有着更强烈的期待。

五　本章小结

　　本章探讨了中产阶层的政治态度，对此分别探讨了中产阶层的民主意识程度、对政府工作的评价以及对政治体制改革的态度。首先，中产阶层表现出较高的民主意识，他们更倾向于认同公众"能够对国家和地方的大事都有直接的发言权或决定权才算是民主"或者是不认同"老百姓就应该听政府的，下级应该听上级的"的观点。

其次，中产阶层对政府工作的评价低于公众平均水平，中产阶层对政府工作有着更高的期待与要求。再次，中产阶层对政治体制改革的态度更积极，认为政治体制改革会带来好处。

从政治态度来看，中产阶层一个突出的特征是较其他阶层更为积极，无论是对民主意识，还是对政府工作评价，或是对政治体制改革的态度，都表现出更多的期待和支持。可以说，中国中产阶层并非"政治后卫"，但是这种积极政治态度也并非激进。在我们访谈的不少中产阶层白领中，他们积极的政治态度更多带有"调和""改良"的色彩，如下面对北京白领D的访谈案例。

> 中国这些年发展很快，虽然问题很多，也很尖锐，但是总体上是在向前发展。我并不想看到现有体制被颠覆，还是希望通过改革，把现有问题给解决掉。
>
> ——2013 年对北京白领 D 的访谈

导致中产阶层政治态度积极但不激进的原因在于中国特殊的国情，中国是威权主义国家，虽然在 1978 年市场化改革启动之后，社会与市场的力量都有了巨大的发展，但是国家依然是经济社会发展的主导。当"中产阶层的地位和收入都依存于现行体制，特别是依靠经济的稳定而不断增长，因此，他们又是维持现行体制的稳定因素，是推动渐进转变的中坚力量"。① 一般来说，不论国家贫富，对现有分配制度心怀不满的都是贫苦的下层阶级，他们更倾向于支持某种再分配形式的政党和组织，而且这些政党和组织在贫困国家比在富裕国家采取的斗争形式更极端、更激进。② 相比之下，中产阶层在多数情况下属于既得利益集团，而且他们视野较为开阔，理解宽

---

① 张蕴玲主编《亚洲现代化透视》，社会科学文献出版社，2001，第 403~404 页。
② 李普塞特：《政治人——政治的社会基础》，上海人民出版社，1997，第 37 页。

容准则的必要性，不轻易皈依极端主义学说，倾向于支持温和的、民主的政党和组织。正如人们能够观察到的那样，随着中产阶层的发展壮大，亚洲有越来越多的国家和地区拥有越来越好的政治和社会秩序，而有些国家之所以至今依旧经常爆发社会动乱，从原因来看，很可能就在于那里的中产阶层的弱小。中产阶层还倾向于采用非暴力的途径实现政治转型。①

本章进一步探讨了中产阶层政治态度的影响因素，主要结论如下。

第一，从经济增长来看。总体而言，经济增长除了对政府工作评价有影响之外，对中产阶层民主意识和政治体制改革态度均没有显著的影响。在过去十余年间，中国经济快速增长，一跃成为世界第二大经济体，仅次于美国。但是，通过对过去若干年调查来看，中产阶层的民主意识和政治体制改革态度并没有出现显著波动。而从样本的描述统计上看，在这两个维度上，中产阶层又表现出较高的期待，我们可以理解为中产阶层天生就具有较强的民主意识和政治改革的意愿。另外，经济增长对中产阶层关于政府工作的评价是负相关的。虽然近年来，政府在发展经济方面取得了显著的成绩，同时在民生领域出台了很多利好措施，但是中产阶层并不买账，虽然中产阶层对政府工作给予了高于其他民众的好评，但是这个好评近年来呈现下降趋势。对此，一个重要的原因就是近年来政府在民生领域出台的政策多数是惠及社会底层群体的，② 中产阶层受益甚少而沦为"夹心层"。③

---

① 张蕴岭主编《亚洲现代化透视》，社会科学文献出版社，2001，第 403~404 页。
② 近年来政府惠及社会底层群体的政策，包括推进再就业，保护征地拆迁中的弱势群体，保护农民工权益，推进新农村建设，减免农业税，完善城乡社会保障等。参见胡建国、李春玲、李炜《当代中国阶层结构》，载陆学艺主编《当代中国社会结构》，社会科学文献出版社，2010。
③ 张宛丽：《中产阶层为何也沦为"夹心层"》，《人民论坛》2010 年第 7 期。

表 8 - 11　研究假设是否成立统计

研究假设	检验结果		
	民主意识	政府工作评价	政治体制改革
经济增长		相反结论	
社会流动	√	√	
体制分割			√
利益受损		√	—

　　第二，从社会流动来看，社会流动对中产阶层的民主意识和政府工作评价（负面）有影响，对中产阶层关于政治体制改革态度无显著的影响。社会流动之所以与中产阶层民主意识相关，主要是因为中产阶层的向上流动往往会面临着权益受到一定程度的制约。在中国，传统户籍管理体制对外来流动人口的排斥和近年来城市管理中出台的各种"限购"政策让外来人口纷纷中枪，这都不利于社会流动。虽然各个城市的地方政府对中产阶层给予了相当多的市民权，但是在这些外来人口中（尤其是在特大城市的外来人口中），实现向上流动的主要是中产阶层，他们渴望公民权，渴望能够真正成为工作城市中的一员。但是，现实中他们购房、购车受到一定程度的限制，他们的子女教育受到一定程度的排斥。也正是在这个意义上，向上流动的中产阶层对政府工作评价较之其他群体要低。例如我们在北京调查中遇到访谈对象 X。X 是从农村出来在北京成功扎根立足的小老板，属于向上流动的成功者，在北京限购前 X 买了车买了房，但是小孩上学是他最大的苦恼，其对政府部门要求外地人办太多的证件才能让子女在北京上学很不满。

　　我 16 岁时来到北京，到现在 15 年了。最初是在餐馆打工，后来帮亲戚给餐馆送各种蔬菜，干了几年，亲戚让我单独做，这些年干得还行，在南三环买了房，买了车，也娶了媳妇。这两年餐饮生意难做，我就不做了，在家待着，寻思着再做点其他生意。……我也不知道自己是什么身份，觉得自己是城里人，已经不习惯农村生活了，也不想回农村了。但我肯定不是北京人，我没有北京户口，我两个小孩在北京上学太难，以后走一步算一步吧。

——2014 年对北京原餐厅老板 X 的访谈

第三，从体制分割来看。体制内中产阶层除了在对政治体制改革的态度上要低于体制外部门的中产阶层外，在民主意识和对政府工作评价方面，体制内与体制外部门的中产阶层并不存在显著的差异。我们可以理解为民主意识是中产阶层与生俱来的阶级性格，也可以理解体制内的中产阶层因为受益于体制，而对政治体制改革更倾向于保守。但是对体制内中产阶层在政府工作评价上与体制外部门的中产阶层没有显著差异的现象，一时难以做出合理的解释。但是至少表明，在对政府工作认可上，体制内与体制外部门的中产阶层都给予了大体相当的评价。

第四，从利益受损来看。一方面，在民主意识态度上，利益是否受损对中产阶层并不存在显著的影响；另一方面，在政府工作评价方面，遭遇过利益受损的中产阶层对政府工作评价要低于那些没有遇到过利益受损的中产阶层。就前者而言，我们可以理解为民主追求是中产阶层的特质，并不因利益是否受损而发生改变；就后者而言，我们也有理由相信，利益受损的中产阶层更倾向于对政府工作给予差评。这一点与社会流动研究假设所检验的结果相一致。因为向上流动的中产阶层中有相当一部分是外来人口，他们更容易感受到权益的受损。

第九章　中产阶层社会信心

　　社会信心是社会成员社会意识的重要组成部分。在过去三十余年间，中国经济持续快速发展取得了巨大的成就，但是近年来经济社会发展中的矛盾与问题也在凸显，导致中国公众普遍存在着一种"焦虑"的心态。在这样的背景下，人们的社会信心是否会受到影响，中产阶层的社会信心又呈现什么样的特征？本章将对此展开探讨。

一　社会信心与全民焦虑

　　社会信心也称公众信心，是人们对某一行动主体、某一事物、某个具体对象的一种认可、信任的心理状态以及在此基础上形成的稳定的心理期望。① 社会信心是人们在对当前社会状况进行理性感受的基础上对未来的预期。一般来看，当一个国家或地区经济社会发展前景光明时，公众对于未来会持有积极与乐观的预期，认为未来生活会变得更好，反之持有的则是消极与焦虑的情绪，对未来持不乐观的态度。进一步来看，影响社会信心的主要因素是经济发展状况——当经济发展不景气时，就业状况不佳，个人收入增长停滞，人们对未来的预期就会变得不乐观，社会信心就会下降。当然，除

_____

① 朱力：《公众信心聚散的社会心理学解读》，《人民论坛》2013 年第 5 期。

了经济发展状况之外，社会信心还受到其他因素的影响，比如在政治方面，人们对政府是否有信心，亦会影响到他们对未来的预期。当政府在处理公共事务中表现出勇气、决心、毅力和智慧时，人们从心里感到政府是为民众和国家的利益无私地奋斗，那么即使经济发展面临着困难，人们依然会保持较高的社会信心。[①] 比如，在1997年亚洲金融危机波及亚洲各国时，韩国许多中产阶层家庭向国家捐献出个人财产，支援国家渡过难关。[②] 这就是对政府信任和对未来抱有很强信心的体现。

今天，社会信心是中国公众社会意识中的重要问题，在社会成员中普遍存在着一种紧张的心理状态，[③] "全民焦虑"成为当下中国社会的一个突出现象。[④] 2013年，搜狐网、人民论坛网等多家网站对6000多名公众进行了调查，结果显示有80.1%的受访者经常使用"烦躁""压力山大""郁闷""纠结"来表达心情，有74.5%的受访者认为身边70%以上的人会不定期出现焦虑状况，有近九成受访者认同"全民焦虑"已成为当下中国的社会病。其中，人们最焦虑的个人问题排在前三位的是"看不起病，养不起老""人际关系紧张、信任危机""工作压力大"；在社会层面人们最焦虑的三个问题是："物价涨得比工资快""权力不受制约，腐败易发多发""食品、药品、产品安全缺乏保障"。总体来看，焦虑感来自潜在或显现的生存危机感。[⑤] 在人们看来，"全民焦虑症"的症结主要是"权力不受制约的不公正感""社会保障不足的不安全感""贫富差距过大引发的被剥夺感"。

[①] 马戎：《民众对政府的执政能力有信心》，《人民论坛》2008年第11期。

[②] 陆学艺主编《当代中国社会阶层研究报告》，社会科学文献出版社，2002。

[③] 吴忠民：《社会焦虑的成因与缓解之策》，《河北学刊》2012年第1期。

[④] 人民论坛特别策划组：《全民焦虑症问诊——当前中国人为何焦虑》，《人民论坛》2013年第9期。

[⑤] 扈海鹂：《焦虑感：一种社会心理现象》，《社会》1999年第10期。

首先，权力不受制约的不公正感。在快速的经济社会转型过程中，新旧体制转换出现的空隙，导致权力没有受到有效的制约，从而引发不公正的现象，甚至是对人们利益的侵犯，这也是近年来大规模群体性事件不断涌现的重要原因，在这样的环境下人们缺乏一种公正感。

其次，社会保障不足的不安全感。改革开放以来，同经济发展相比，社会发展明显滞后，民生没有得到应有的改善，社会保障制度明显缺位，不少社会成员在失去了以往习以为常的单位福利和单位保障之后，却没有被纳入新的社会保障体系当中。这些人由于缺少基本生存底线的保障，因而对未来可能的不利处境产生了程度不同的担忧甚至是恐慌，使他们存在着一种不确定性与不安全感。

再次，贫富差距过大引发的被剥夺感。改革开放以来三十余年间，中国社会经济整体利益结构正在发生全方位、大幅度而且是急剧的调整。一方面迅速崛起了一个暴富的高收入群体和一个生活状态比较舒适的中等收入群体，另一方面则形成了一个生活贫困的低收入群体，社会经济利益位置的急速变化，对许多社会成员造成了较大的压力。

总体来看，中国社会通过改革开放快速前进。但是在快速发展的过程中，无论是制度政策，还是政府的思维能力，都没有跟上这种速度，[①] 从而导致诸多社会矛盾与冲突的出现。那么，在这种社会背景下，人们的社会信心究竟呈现什么样的状况，对此，本章重点探讨中产阶层的社会信心。

二　中产阶层社会信心状况

社会信心作为人们社会意识的重要组成，包括三个层面：一是对国家政权的信心，二是对所处的社会的信心，三是对社会中自我

---

① 朱力：《公众信心聚散的社会心理学解读》，《人民论坛》2013年第5期。

的信心。在上述层面中，第三个层面——人们对社会中自我的信心是基础，横向延展形成对社会的信心，纵向攀升而上的是对国家政权的信心。[①] 对此，本章拟以中产阶层对自我的信心为切入点展开问题的探讨。表9-1列出了社会各阶层对自己未来生活预期判断的情况。在 NSS、CGSS 和 CSS 若干年份的调查中都调查了同样的问题："您觉得自己未来 5 年生活是否会变好？"，调查共给出了 5 个选项：①会变得很坏；②会变得较坏；③会没变化；④会变得较好；⑤会变得很好，对这 5 个选项依然赋值为 1～5 分，其中 1 分为最悲观的评价，5 分为最乐观的预期。表9-1中各阶层自己未来生活变化预期值越接近 5 分表示越乐观，越接近 1 分表明越悲观。

首先，自 2001 年以来，社会各阶层对自己未来 5 年生活变化给予了积极乐观的预期评价，认为自己未来的生活会变得更好，并且这种积极乐观的预期呈现上升的趋势。比较而言，在 2001 年，中产阶层预期最为乐观，但是到了 2008 年，最乐观的成为企业主阶层，到了 2011 年则是农民阶层。从时间上看，各阶层对于未来生活的变化呈现先降后升的趋势，2008 年前呈现下降的特征，2008 年后呈现升高的趋势。

表9-1 社会各阶层对未来 5 年生活变化的预期

年 份	2001	2006	2008	2011
企业主阶层	3.84	3.78	4.08	4.07
新中产阶层	3.98	3.79	3.68	4.05
老中产阶层	3.93	3.72	3.78	4.20
体力劳动者阶层	3.73	3.62	3.61	4.02
农民阶层	3.77	3.56	3.76	4.32
失业者阶层	3.38	3.44	3.44	4.08

① 褚松燕：《公众信心聚散机理与重塑对策》，《人民论坛》2013 年第 5 期。

年　　份	2001	2006	2008	2011
均值	3.80	3.66	3.68	4.13
F 检验	13.862****	16.072****	14.633****	5.267****

注:****p<0.001。

其次,就中产阶层来看,2001 年新中产阶层对未来生活的预期要高于老中产阶层;但是到了 2008 年,新中产阶层对于未来生活变化的预期下降到平均水平,并低于老中产阶层;2011 年,新中产阶层对未来生活变化的预期进一步下降到平均水平之下。可以看出,新中产阶层虽然也对未来持有积极的预期,但是和老中产阶层相比,老中产阶层更为积极乐观。

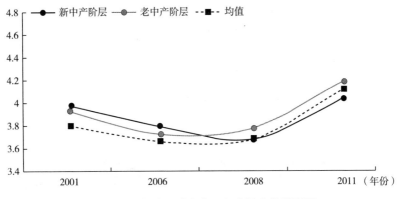

图 9-1 　各阶层对未来 5 年生活变化的预期

我们进一步分析不同中产阶层群体对未来生活变好的信心状况(表 9-2)。从社会流动方面来看,有 55.8% 向上流动和 60.7% 没有流动的中产阶层群体乐观地认为自己未来 5 年生活会变得更好。在向下流动的中产阶层群体中也有一半以上人认为自己未来 5 年生活会变好。从调查年份来看,在 2001 年有 50.8% 的中产阶层认为自己未来 5 年生活会变好,这一比例到了 2008 年提高到 56.1%,到了 2011 年再提升到 63.2%。从利益受损情况来看,遭遇过利益受损的中产阶层中有 62.0% 认为自己未来 5 年生活会变好，这高于没有遭遇过利益受损的中产阶层群体。从就业部门来看，体制外部门就业的中产阶层中有 57.9% 认为未来 5 年生活会变得更好，而体制内部门就业的中产阶层中这一比例亦在相当水平，为 56.6%。

表 9 - 2　中产阶层不同群体未来生活变好信心

单位:%

群体		未来信心		合　计	x^2
		没有信心	有信心		
社会流动	向上流动	44.2	55.8	100.0	34.605****
	没有流动	39.3	60.7	100.0	
	向下流动	47.6	52.4	100.0	
	平均	44.0	56.0	100.0	
调查年份	2001	49.2	50.8	100.0	189.467****
	2006	49.1	50.9	100.0	
	2008	43.9	56.1	100.0	
	2011	36.8	63.2	100.0	
	平均	43.3	56.7	100.0	
利益受损情况	没有遭遇过	45.9	54.1	100.0	116.989****
	遭遇过	38.0	62.0	100.0	
	平均	43.3	56.7	100.0	
就业部门	体制外	42.1	57.9	100.0	1.154
	体制内	43.4	56.6	100.0	
	平均	43.3	56.7	100.0	

注:* $p < 0.001$。

三　中产阶层社会信心影响因素分析

我们进一步分析中产阶层社会信心的影响因素，表 9 - 3 列出的 7 个分析模型，因变量均为社会信心。

模型 1 的自变量包括调查年份、性别、年龄、受教育程度和收入。从年份上看，调查年份每推进一个单位，公众对未来有信心的

发生概率就会多出 1. 065 - 1 = 0. 065 倍，2008 年以来，从外部环境
来看，美国"次贷"危机引发的世界金融危机波及中国；从内部环
境来看，严重的自然灾害事件接连发生，食品安全问题层出不穷，
但是这并没有影响到公众社会信心的持续增长，可以说这与中国快
速的经济增长和人们物质生活水平日益改善不无相关。从年龄上看，
随着年龄的增长，社会信心呈现明显地下降，这表明年轻人的社会
信心更高。从收入来看，收入的增加同样显著影响着社会信心的
提升。

表 9 - 3　社会信心影响因素 Logistic 回归分析

自变量	模型 1		模型 2		模型 3	
	B	Exp (B)	B	Exp (B)	B	Exp (B)
常量	- 126. 343 * * * *	—	- 153. 499 * * * *	—	- 114. 890 *	—
调查年份	.063 * * * *	1. 065	.077 * * * *	1. 080	.057 *	1. 059
性别	.051	1. 053	.052	1. 053	.052	1. 053
年龄	- .023 * * * *	.977	- .023 * * * *	.977	- .025 * * * *	.976
受教育年限	- .009	.991	- .009	.991	.013	1. 014
收入对数	.079 *	1. 083	.077 *	1. 081	.150 * * *	1. 162
中产阶层 (1 = 是)	—	—	.060	1. 062	—	—
新中产阶层 (1 = 是)	—	—	—	—	.675 * * * *	1. 964
- 2LL	10098. 786		9692. 288		4512. 441	
拟 R²	.030		.032		.049	
N	7588		7294		3409	

注：* p < 0. 05，* * p < 0. 01，* * * p < 0. 005，* * * * p < 0. 001。

　　模型 2 在模型 1 的基础上增加"中产阶层"身份变量。结果显
示，中产阶层对未来有信心的发生概率要比非中产阶层多出 1. 062 -
1 = 0. 062 倍，不过结果并不显著。虽然中产阶层与非中产阶层的社

表 9 - 3 续　社会信心影响因素 Logistic 回归分析

自变量	模型 4		模型 5		模型 6		模型 7	
	B	Exp（B）	B	Exp（B）	B	Exp（B）	B	Exp（B）
常量	-155.007****	—	-159.621****	—	-95.246*	—	-29.698	—
调查年份	.078****	1.081	.080****	1.083	.048*	1.049	.015*	1.015
性别	.052	1.054	.056	1.057	.050	1.051	.060	1.062
年龄	-.023****	.977	-.023****	.977	-.022****	.978	-.024****	.976
受教育年限	-.009	.991	-.004	.996	-.002	.998	.010	1.010
收入对数	.077*	1.081	.078*	1.081	.082*	1.086	.152****	1.165
中产阶层（1 = 是）	.059	1.061	.055	1.057	.059	1.061	—	—
新中产阶层（1 = 是）							.652****	1.920
职业流动（1 = 向上流动）	-.006	.994	-.024	.976	-.007	.993	.208*	1.232
就业部门（1 = 体制内）	—	—	.126*	1.134	.142*	1.152	.112	1.119
利益受损（1 = 是）	—	—	—	—	.195*	1.215	.238*	1.269
-2LL	9692.277		9687.954		9682.098		4504.310	
拟 R^2	.032		.032		.033		.052	
N	6837		6238		5672		3409	

注：$* p < 0.05$，$** p < 0.01$，$*** p < 0.005$，$**** p < 0.001$。

会信心没有呈现显著的不同，但是在模型 3 单独对中产阶层案例进行考察时，在对未来有信心的发生概率上，新中产阶层比老中产阶层多出 1.964 - 1 = 0.964 倍。这表明，中产阶层内部，新中产阶层的社会信心明显高于老中产阶层。

模型 4 在模型 2 的基础上增加"职业流动"变量，来考察社会流动对社会信心的影响。分析表明，职业流动对社会信心的影响并不显著。人们的社会信心并不因社会流动的差异而存在分化，甚至没有流动和向上流动的公众对未来也普遍持有积极乐观的心态，这也成为中国社会一个突出的景象。

模型 5 在模型 4 的基础上增加"就业部门"变量，来考察体制分割对社会信心的影响。体制内部门从业者比体制外部门从业者对未来持有更强的信心。这也表明体制内群体对经济社会制度更持有信心，他们倾向于相信未来的生活会变得更好。① 但是在模型 7 中我们单独对中产阶层进行考察时，发现就业部门对中产阶层社会信心的影响变得不显著了。也就是说，对于中产阶层而言，体制内外在社会信心上没有显著的差异。

模型 6 在模型 5 的基础上增加"利益受损"变量，来考察利益受损对社会信心的影响。从结果来看，遭遇过利益受损群体的社会信心比没有利益受损经历的群体高，在发生概率上多出 1.215 - 1 = 0.215 倍。这一结果值得关注。

最后，模型 7 对中产阶层案例进行了单独考察。从结果来看，中产阶层在社会信心上存在着新老中产阶层间的分化，新中产阶层对未来有信心的发生概率要比老中产阶层多出 1.920 - 1 = 0.920 倍。

① 这一结论与本研究第五章中中产阶层民生压力感受的分析中得出的"体制内中产阶层民生压力感受更突出"的结论似乎相矛盾：既然体制内中产阶层民生压力感受更大，他们对未来怎么会更有信心？事实上，在这看似矛盾的结论背后更能感受到体制内中产阶层复杂的社会心态：一方面是压力大，另一方面则源于对体制的依赖与信任，他们对未来有着更强烈的期盼。

在职业流动维度上，中产阶层的社会信心也存在着分化，向上流动的中产阶层的社会信心要高于那些没有流动和向下流动的中产阶层群体。此外，利益受损变量也显著影响着中产阶层的社会信心，利益受损的中产阶层表现出更高的社会信心。而就业部门因素对中产阶层社会信心并没有显著的影响，体制内和体制外部门的中产阶层没有明显差异。

四 本章小结

本章重点探讨了中产阶层社会信心状况及其影响因素。总体来看，近年来中国经济社会发展中各种矛盾与问题凸显，但是，中国经济快速发展以及社会的总体进步，让社会各阶层对未来持有普遍的信心，中产阶层亦不例外，他们对自己未来 5 年生活变化的预期抱有积极乐观的态度，对未来经济社会发展形势持有积极的预期，相信自己能够从中受益，生活会变得更好。

就中产阶层社会信心影响因素来看，本研究所提出的 4 个研究假设中，有 3 个研究假设（经济增长、社会流动与利益受损）被检验成立，有 1 个研究假设（就业部门）没有成立（见表 9 - 4）。

表 9 - 4 研究假设检验结果

研究假设	检验结果
H1：经济增长	√
H2：社会流动	√
H3：就业部门	
H4：利益受损	√

首先，就经济增长来看，中国经济的飞速发展，使社会各阶层均不同程度地受益。对此，经济增长明显地影响了中产阶层的受益感受和未来信心。可以说，经济增长是促使中产阶层壮大的直接原因，中产阶层也是经济增长的重要受益者。从这个意义上看，保持

经济持续健康的增长，对包括中产阶层在内的各阶层的社会信心均有巨大的推动作用。

第二，就社会流动来看，社会流动对公众社会信心的影响并不显著，无论是向上流动还是没有流动和向下流动，人们的社会信心均没有表现出差异性，从统计描述来看，不同社会流动方向的人们均普遍持有较高的社会信心。但是对中产阶层而言，我们发现社会流动对他们的社会信心有着显著的影响。事实上，在社会各群体中，中产阶层是比较容易产生地位焦虑的群体，因为中产阶层理想的生活目标和巨大生活压力的交汇，使得他们产生了一种基于自身现实境遇的焦虑。一般来看，接受过良好教育的白领们普遍具有较高的生活目标和成功追求，这也是他们兢兢业业、努力工作的重要动力。然而，理想的生活目标和追求的实现，对于大多数白领来说却是不易的。在当下中国，要实现有品质的生活，如若没有良好的收入保障就只能是一种奢望。这对于中产阶层而言，难免会陷入如何从工作中得到更好回报的焦虑中，而社会流动状况决定着中产阶层的工作回报。① 所以，就中产阶层而言，社会流动状况决定着他们的经济社会地位，决定着他们的生活目标与职业追求，影响着当下的生活状况与未来的信心。

第三，就利益受损来看，利益受损对所有阶层的社会信心都有着显著的影响。一般来看，利益受损会对人们的生活产生冲击，甚至使他们产生弱势的社会心理。但是在未来信心上，他们反而高于那些没有遭遇过利益受损的群体，这表现为利益受损群体对未来持有更强烈乐观的态度，他们更相信自己未来的生活会变得更好。这一结论也可以解释在现实生活中，为什么相当数量的利益受损者会锲而不舍地上访，会想方设法去维护和争取自身的权益，重要的原

---

① 马广海：《城市白领三大核心焦虑》，《人民论坛》2013 年第 28 期。

因之一，就是他们对未来的信心激励着他们的行动。

第四，就体制分割来看，就业部门差异会影响公众的社会信心，体制内部门群体比体制外部门群体的社会信心要高，这表明体制内群体对当前的经济社会制度和发展状况持有更加乐观的态度，因此他们的社会信心也要高出体制外群体。但是，当我们进一步聚焦在中产阶层身上时，发现体制内中产阶层的社会信心并不显著高出体制外中产阶层，这也表明中产阶层，无论身处体制内还是体制外，他们在社会信心上均表现出较高的水平，体制并没有在社会信心上塑造出中产阶层内部群体的差别。

需要指出的是，在社会舆论中蔓延着"全民焦虑"的现象。本章的研究表明，中产阶层会被生活与工作中的"烦躁""压力山大""郁闷""纠结"所困扰，但是，在过去十余年间中产阶层的社会信心呈现乐观的特征和升高的趋势，经济增长、社会流动对于中产阶层的社会信心有着积极的塑造，甚至连利益受损也会激励着中产阶层对未来更加的期盼。基于这样的结论，我们更倾向于认为，今天媒介上所报道的中产阶层对未来失去信心的说法只是一些个案，而并非总体意义上对现实的客观反映。

第十章　研究总结

　　中产阶层崛起的过程，往往是一个国家或地区经济社会深刻转型的过程，其间日益复杂多元的社会生态对中产阶层社会政治态度往往造成不同的影响。沿着这样的思考，本研究力图拓宽研究视野，将社会变革的多维因素纳入中产阶层政治态度的分析中来。对此，本研究从本土化入手，构建中产阶层社会政治态度分析框架，利用近十余年间调查数据，对中产阶层社会政治态度状况与影响机制展开了分析。在前面研究的基础上，本章将从中产阶层社会政治态度状况、影响机制、对策取向研究三个方面进行研究总结。

一　中产阶层社会政治态度总体特征

　　表 10 - 1 汇总了本研究从各个维度探讨的中国中产阶层社会政治态度与其他阶层进行比较的结果。为了便于总结，我们化繁为简，用 " + " 代表中产阶层的社会政治态度强于其他阶层平均水平，用 " - " 则代表弱于其他阶层平均水平。可以看出，中产阶层社会政治态度呈现如下特征。

　　第一，在社会领域中，新中产阶层的社会意识表现出较强的批判性，突出表现为新中产阶层对社会矛盾与问题的感知强于其他阶层：在发展获益和主观地位认同这两项指标方面，新中产阶层对自

表 10 - 1　中产阶层社会政治态度与其他阶层的比较

阶　　层	社会意识					政治态度			未来信心
	发展获益感受	主观地位认同	民生压力感受	社会冲突评价	社会公平感受	民主意识	政府工作评价	政治体制改革	
新中产阶层	-	-	-	+	-	+	+	+	-
老中产阶层	+	+	-	+	+	-	+	+	+

注："+"代表意识态度强于其他阶层平均水平，"-"代表弱于其他阶层平均水平。

身的评价均低于其他阶层平均水平，这表明新中产阶层更倾向于认为他们从经济发展中所获得的利益与他们的地位是不相称的；在社会公平方面，新中产阶层认为社会公平的比例低于其他阶层平均水平，他们更倾向于认为社会不公平的存在；在社会冲突判断方面，新中产阶层认为社会存在冲突的比例要高于其他阶层平均水平，他们更倾向于认为社会存在着冲突。

可以看出，在社会意识方面，新中产阶层的发展获益与地位认同较低，比其他阶层更倾向于认为社会的不公平和社会冲突的存在。当然，在民生压力感受方面，新中产阶层认为自己面临民生压力的比例要低于其他阶层，这主要是因为新中产阶层拥有较好的经济条件，所以他们的民生压力较小。

与新中产阶层不同，在社会领域中老中产阶层对社会问题的评价普遍高于其他阶层平均水平。在发展获益和主观地位认同方面，老中产阶层对自身的评价更为积极与肯定，高于其他阶层平均水平——他们更倾向于认为自己从经济发展中获益，更倾向于认同自己的社会地位。因此，在民生压力感受方面，老中产阶层的民生压力也低于其他阶层。源于此，老中产阶层在社会公平评价方面，认为社会公平的比例要高出其他阶层平均水平；不过，在社会是否存在冲突的判断方面，老中产阶层同新中产阶层一样，认为存在冲突的比例高于其他阶层平均水平。可以看出，在社会领域中，老中产阶层的社会意识表现相对新中产阶层更为温和，虽然他们认为社会存在冲突的比例要高于其他阶层平均水平，但是他们更认为自己从发展中受益，对自己的地位认同感很强，因此认为社会公平的比例也要高于新中产阶层。

第二，在政治领域中，中产阶层的政治积极普遍强于其他阶层。在民主意识方面，新中产阶层认为"权力民有"的比例高于其他阶层平均水平（老中产阶层的比例要低于其他阶层平均水平）；认为政治体制改革会带来好处的比例也要高于其他阶层平均水平。

不过，需要强调的是，无论是新中产阶层，还是老中产阶层，他们对政府工作的评价高于其他阶层平均水平。① 我们不能不注意到，一方面是在其他阶层对政府工作评价较低的同时，中产阶层对政府工作的评价相对要高；另一方面则是中产阶层更倾向于认为政治体制改革会带来好处。这表明中产阶层对党和政府有着很高的期待，这种期待也表明中产阶层政治态度是积极而非激进，是改革而非革命。

总体来看，在中国经济社会快速转型中，中国中产阶层快速崛起，其社会意识与政治态度的变化也呈现经济社会转型期的复杂性。概括来看，在他们的社会政治态度中贯穿着两条主线：一条是积极与肯定，另一条则是焦虑与批判。就前者来看，中产阶层受益于经济社会发展，生活水平得到提高与改善，经济的良好发展态势使得中产阶层对未来持有积极的预期（虽然这预期程度低于其他阶层，但是仍处于较高水平）。就后者而言，与其他阶层一样，中产阶层同样承受着房价高涨、子女上学难、看病贵等民生压力，诸如"一套房消灭一个中产阶层"的说法在社会上颇有市场，这表明在许多人

---

① 虽然中产阶层对政府工作的评价要高于其他阶层，但是他们的评价也仅仅处于一般水平。

看来，中产阶层也是利益受损者。① 与此同时，中产阶层在对社会不公平现象深有感触的同时也产生了不安全与不稳定的情绪，导致在中产阶层的社会意识中夹杂着焦虑与批判。

另外，还需要强调的是，中产阶层壮大及其民主意识觉醒所催化的民主化临界点在中国还不是十分清晰。因为，在中产阶层内部，成员间的社会政治态度呈现离散特质：无论新中产阶层还是老中产阶层，他们对政府工作的评价处于一般水平，这表明中产阶层对于政府的工作能力不是否定，当然也不是满意。这暗示着中产阶层对于目前政府的基本态度并不反对但也不认同，而是抱有通过改革以提高执政能力的预期。同时，作为发展的受益者，中产阶层对于未来依然持有积极乐观的心态。中产阶层社会政治态度中的这种特征，在一定程度上解释了为何在过去十年间虽然中国社会问题显化，但社会并没有出现大的动荡。

如果将中产阶层视为影响中国社会政治发展的重要力量，我们有理由相信，中国社会发展虽然面临诸多社会矛盾与问题，但是大的社会动荡缺乏中产阶层参与的基础。作为发展的受益者，中产阶层对于未来依然持有积极乐观的心态。因此有理由相信，对于中国发展中所出现的问题，中产阶层期望通过进一步的改革来加以解决，大的社会动荡与根本发展道路的改变并非中产阶层所期待的。

二 中产阶层社会政治态度影响机制

在探讨中产阶层社会政治态度的总体状况后，本研究进一步探讨了中产阶层社会政治态度的影响机制。其中重点从经济增长、社会流动、体制分割与利益受损四个视角展开了分析。表 10 - 2 列出了上述四种因素对中产阶层社会政治态度的影响情况。概括来看，

---

① 参见张宛丽《中产阶层为何也沦为"夹心层"》，《人民论坛》2010 年第 7 期。

上述四种因素对中产阶层社会政治态度各个指标的影响不尽相同，有些影响显著，有些影响则不显著。其中，社会流动的影响最广，除了对民生压力感受和政治体制改革这两个指标没有显著影响之外，对其他各个指标均有显著影响。

表 10 – 2 研究假设检验结果

研究假设	发展获益感受	主观地位认同	民生压力感受	社会冲突评价	社会公平感受	民主意识	政府工作评价	政治体制改革	社会信心
H1 经济增长	√	相反结论	相反结论				相反结论		√
H2 社会流动	√	√		√	√	√	√		√
H3 体制分割		√	√	√	相反结论			√	
H4 利益受损		√		√	√		√		√

（一）经济增长

一般来看，经济增长与社会成员意识态度的关系主要源于两个方面。一方面，经济增长有利于培育人们民主开放的观念。市场经济以等价交换、公平竞争、自由开放为特征，这打破了传统自然经济下封闭、保守、狭隘的生活方式和思想方式，有利于促进人与人之间契约意识和权利意识的形成。另一方面，经济增长有利于提高人们对现有社会秩序的认同与维护。经济增长创造出新的社会财富，为人们生活质量的提高与改善奠定了基础，这有利于促进人们对发展成果的珍惜与保护，进而对现有社会秩序认同与拥护。

因此，经济增长对于人们的社会意识与政治态度而言，具有积极的塑造意义。这也是今天诸多国家重视经济增长的原因，这直接关系着人们的福祉，关系着人们对现有社会秩序的认同，进而也关系着现有政权的合法性。

在表 10-2 中列出了经济增长因素对中产阶层社会政治态度各个指标的影响情况。从结果来看，经济增长因素对中产阶层社会政治态度不同维度的影响存在着差异，有些指标的影响是正向的，有些指标的影响是负向的，还有些指标的影响则是不显著的。总体来看，上述研究结论在一定程度上验证了本研究所提出的研究假设 1，即经济增长在一定程度上影响着中产阶层的社会政治态度。

第一，从正向影响来看，经济增长对中产阶层社会政治态度的两项指标即发展获益感受和对未来的信心有正向影响。一般来看，中产阶层是经济增长的主要获益群体，这使得中产阶层对未来持有较强的信心，因此在获益感受和对未来信心方面，过去十余年间中产阶层表现出积极的心态。

第二，就负向影响来看，经济增长对中产阶层社会政治态度的三项指标有负向的影响，分别是主观地位认同、民生压力感受和政府工作评价。在过去十余年间虽然经济在增长，中产阶层的获益感受与未来信心在增强，但是他们的主观地位认同并没有得到相应提升，他们的民生压力感受也不低，对政府的评价也呈现较低水平的特征。在一些研究者看来，"中产阶层之所以是一个有着强烈的社会责任感的阶层，正是因为该阶层有了基本生活要件的保障。"① 然而，近些年来住房、教育、医疗等民生成本高昂，在中产阶层队伍

---

① 周晓虹：《白领、中产阶级与中国的误读》，《读书》2007 年第 5 期。

中也普遍蔓延着压力，这是中产阶层主观地位认同下降的一个重要原因，有理由相信这也是他们对政府工作的评价不高、持不满与抱怨情绪的重要因素之一。

对此，亨廷顿认为经济发展本身就是一个造成不稳定的进程，经济增长以某种速度促进物质福利的提高，却以另外一种更快的速度造成社会的怨愤。[①] 托克维尔也在解释法国大革命时谈到经济持续稳定的增长繁荣并没有使人民乐其所守，却到处滋生着一种不安定的情绪。[②] 戴维斯将这一现象解释为"发展型相对剥夺感"，当一个社会的价值能力和人们的价值期望均在提高，但是社会的价值能力由于某种原因而有所跌落从而导致价值期望和价值能力之间的落差扩大时，就会产生发展型的相对剥夺感。[③] 而这种现象在中产阶层的身上是否更容易出现，这是值得关注的。

第三，就影响不显著来看，经济增长对中产阶层社会政治态度影响不显著的指标有四项，分别是社会冲突评价、社会公平感受、民主意识和政治体制改革意愿。这一结论值得关注，因为在主流观点看来一个国家的经济增长必然伴随着中产阶层的崛起，而中产阶层天生所具有的追求政治民主化的阶级性格必然会导致政治变革和政治民主化的到来，这也是亨廷顿所认为的 20 世纪 70 年代以来世界范围内第三波民主化浪潮出现的重要原因。但是，第三波民主化浪潮在中国并没有上演。按照亨廷顿的观点，原因是中产阶层的规模或力量还很弱小，不足以引发民主化。然而，这是需要进一步思考的。虽然伴随着中国经济增长，中产阶层因为面临着民生压力而致使主观地位认同下降和对政府工作有所批评，但是他们对社会冲

---

① 塞缪尔·亨廷顿：《变化社会中的政治秩序》，上海世纪出版集团，2008，第 39 页。
② 托克维尔：《旧制度与大革命》，冯棠译，商务印书馆，1996。
③ 赵鼎新：《社会与政治运动讲义》，社会科学文献出版社，2006，第 80 页。

突与社会公平的感受并没有随着经济增长而变得越来越强烈，他们的民主意识与政治体制改革意愿也没有随着经济增长而日益显现。也就是说，中产阶层在经济增长的过程中，他们的上述意识态度并没有发生显著的变化。

事实上，我们注意到亨廷顿所强调的一个现象，就是威权主义政权的合法性是由民族主义所提供的。这暗示如下一种逻辑，即经济增长与民主化之间的关系并不仅仅源于中产阶层的兴起，还有可能源于在经济增长过程中，维持威权主义政府的民族主义效用的衰退。也就是说，在第三波民主化浪潮中，中产阶层的成长并非威权主义终结的唯一原因，也有可能是民族主义效用衰退的结果。这一逻辑对于分析中产阶层崛起与国家政权合法性变化有着重要的解释意义。我们看到，自近代以来在国家与民族危机中，高涨的民族主义情绪贯穿于整个历史进程中，尤其是在公共知识分子（中产阶层主体）队伍中民族主义更是高昂的思想旗帜。始于1978年诉求民族复兴与现代化的中国改革开放，可以说是近代以来的民族主义在国家层面的反映，这使得主导改革开放的党和政府具有极强的合法性。经过三十余年的改革开放，中国经济建设取得巨大成就，中国国际地位显著提升，国家实力大大增强，这极大地满足了包括中产阶层在内的社会公众的民族主义情结，进而有力地强化了中国威权主义政体的合法性。对此，有学者指出，中国新兴的中产阶层在政治方面对政府所持态度是信任的，他们虽然政治民主意识较强，但是并不主张完全实行西方式的民主政治制度；他们虽然赞赏西方政治民主体制，对现存政治体制中的一些不民主做法而导致的贪污腐败、滥用职权和决策失误等现象表示不满，但是他们中较少有人认为中国需要立即推行西方的民主制度，因为西方民主制度并不太适合中国现阶段国情。新中产阶层的普遍看法是：目前实行西方民主制度有可能引发社会政治局势的动荡，而这将影响经济增长；政治民主制度的实现是发展的趋势，但这需要一个逐步的、渐进的推进过程。事实上，政府正在推进这一进程——如提高决策的透明度、增加民众政治参与和利益表达的渠道等。在这种情况下，新中产阶层并不认为他们个人需要做出什么努力去推进政治民主进程，他们也没有迫切的或强烈的愿望要改变现有的政治秩序。当然，当政府推行的某项政策影响到了他们的经济利益，或者某些利益集团损害了他们的经济利益时，他们则有可能采取行动去维护他们的利益，比如对房地产开发商、物业管理公司、通讯、石油等垄断行业的企业（涉及汽油价、电价、水价和其他公共服务收费）以及相关政府部门（涉及税收、房屋拆迁、市政道路规划和建设等）施加舆论压力或采取抵制行动。[①]

（二）社会流动

社会流动状况影响着人们的社会意识态度，实现向上流动人们的社会意识态度更倾向于对现有社会秩序的认同与拥护，反之则是批判与否定，这是本研究所提出的假设。对此，表 10 - 2 列出了检验结果。从结果来看，社会流动对中产阶层社会政治态度的七个指标有着显著的正向影响，对两个指标影响不显著。上述研究结论基本上验证了本研究所提出的研究假设 2。

首先，从正向影响来看，社会流动对于提升中产阶层发展获益感受、主观地位认同、社会公平感受、政府工作评价、民主意识，无疑有着积极的影响，这验证了本研究所提出的研究假设 2。我们看到，当代中国社会流动的开放，使人们获得了向上流动的空间与机会，从而改变着人生命运。包括在中产阶层在内，那些实现了向上社会流动的人们，他们有着更强的发展获益感受，对社会秩序更倾

---

① 李春玲：《中产阶级的社会政治态度》，《探索与争鸣》2008 年第 7 期。

向于接受与维护。

上述结论引发的一个重要话题，就是"社会流动与中产阶层地位恐慌"。在托克维尔看来，中产阶层是一个通过积极进步来维护自身地位的群体。一般来看，富人财产很多，财产对其吸引力下降；穷人财产很少，往往对拥有的少量财产并不大关心，甚至寄希望于动乱或革命改变这一状况。但是，"既不豪富又不极贫的小康之家（中产阶层），却对自己的财产甚为重视，因为他们离贫穷并不太远，深知贫穷的痛苦，并害怕这种痛苦……他们时时刻刻都希望家产更多一些，所以对家产给予不断的关心；他们通过夜以继日的努力使家产增加，所以对家产更加依恋。"①

和老中产阶层一样，新中产阶层亦是对自身地位焦虑的群体。米尔斯在其所著的《白领：美国的中产阶级》一书中提到，随着新中产阶层队伍的扩大，他们的社会地位不再像老式中产阶层那么显赫了。米尔斯将这种现象称为白领阶层"社会地位的无产阶级化"——这一现象传递的是中产阶层对自己的社会地位与声望的恐慌。尤其是新中产阶层往往是通过公开的社会竞争而找到工作，这使得新中产阶层时刻对自己的前途与成功充满焦虑感，② 生怕自己一觉醒来已不再是中产阶层。因此他们最担心的并不是如何赢得更大的成功，而是恐慌自己滑落到贫困线以下沦为底层群体。

就中国新兴成长起来的中产阶层而言，有研究者认为他们产生的焦虑可能更多。中国中产阶层中的大多数来自底层社会，是在改革开放的过程中依靠个人努力改变原来贫困的状况而过上了比较体面的生活。但是，他们面临着两个方面的焦虑；一是他们能不能保住已经获得的社会地位，因为在市场化过度竞争的环境下，他们承

---

① 托克维尔：《论美国的民主》下卷，董果良译，商务印书馆，1997，第800页。
② C. 赖特·米尔斯：《白领：美国的中产阶级》，杨小冬译，浙江人民出版社，1987。

受巨大的工作压力和强度；二是在住房、医疗、教育等民生领域过度市场化的背景下，他们面临新"三座大山"的"压迫"而处于生活的焦虑中。①

但是，从本文研究来看，在控制其他变量的影响下，社会流动对于中产阶层的发展获益感受以及民生压力感受的影响，更多地呈现积极的信息：中产阶层更多的是自信与进取。那种岌岌可危的地位恐慌心态在新兴的中国中产阶层身上并不显著。

其次，从社会流动对中产阶层社会政治态度的负面影响来看，社会流动对于提升中产阶层社会冲突感受有着显著的影响。从本研究的结果来看，那些实现向上流动的中产阶层在对社会是否存在冲突的判断上要显著高出其他中产阶层。虽然中产阶层从社会流动中获得了较多的收益，但是在转型时期新旧社会秩序更替中不可避免地存在着制度性的障碍，这在相当程度上影响着中产阶层的社会流动。对此，越是实现向上流动的中产阶层往往越有着亲身的遭遇，越能感受到社会存在的冲突性问题。最为典型的就是户籍制度以及附加于户籍的各种社会保障或福利，比如教育资源等。不过从中产阶层对政治体制改革的态度来看，社会流动的影响并不显著。对此，一种解释如米尔斯所指出的，中产阶层在政治方面是普遍异化、冷漠疏离、消极无为的"政治局外人"。② 当然，也可能社会流动状况并不是建构中产阶层对政治体制改革态度的因素。

（三）体制分割

就目前来看，中国中产阶层在社会结构中所处的位置包括两个维度：一是从纵向上看，中产阶层处于社会中间位置；二是从横向

---

① 仇立平：《城市新移民的"中产焦虑"》，《人民论坛》2014 年第 15 期。
② C. 赖特·米尔斯：《白领——美国的中产阶级》，杨小冬译，浙江人民出版社，1987。

上来看，制度分割将中产阶层分为体制内与体制外两个部分，分析体制内和体制外中产阶层在社会政治态度上的差异，是极富有中国化色彩的视角，这也是本研究重要的视角。

一般来看，体制内外的中产阶层享受的经济社会地位与权益存在明显的差异：体制内中产阶层主要依靠体制获取利益，体制外中产阶层则主要依靠市场体制获取利益，这种异质化的构成导致中产阶层内部群体存在利益分化与冲突。[1] 对此，体制内中产阶层更倾向于对现有社会政治秩序的认同，而体制外中产阶层则较为激进。[2] 但是，本研究结论与以往研究结论相反，体制内中产阶层在民生压力感受、社会不公平感、社会冲突评价以及政治体制改革意愿等方面较之体制外中产阶层更为强烈。这表明，体制内中产阶层不仅不保守，而且较之体制外中产阶层更为激进，那么导致这种结果的原因是什么呢？

一般来看，体制内中产阶层主要包括政府部门中的公务员、事业单位中的专业技术人员。较之体制外中产阶层他们有如下两个方面的突出特征。

第一，体制内的中产阶层由于职业原因，具有更高的政治与社会参与意识。"体制内部门工作的中产阶层，在日常工作中由于经常涉及政治和公共事务，经常参与到政府政策的制定和执行中，会很自然地把这样一种对政治事务的了解和参与转移到工作之外，进而影响到他们在工作之外的政治生活领域。"比较而言，体制外部门工作的中产阶层，"往往没有足够的空闲时间来思考、关注政治事务，并且他们的日常工作往往很少涉及政治事务。这一切都使得在体制

---

① 张伟：《"双色蛋糕"：中间阶层的异质化特征》，《社会》2006年第2期。

② 李路路、李升：《"殊途异类"：当代中国城镇中产阶级的类型化分析》，《社会学研究》2007年第6期；卢春龙：《新兴中产阶层对民主价值的理解：立足中国国情的民主价值观》，《政治学研究》2014年第1期。

外部门工作的中产阶层缺乏足够的政治信息，也就对政治事务缺乏足够的关注"。[1]

第二，体制内中产阶层学历更高，并且因为工作原因更容易接触到社会各种矛盾与问题，因此在社会意识与态度方面，他们更容易观察和感受到社会的不公平与社会冲突现象。

第三，体制内中产阶层收入稳定但是和体制外中产阶层相比并不占优势，这使得他们面临购房等大额民生问题时往往出现"窘迫"的处境，因此在民生压力方面，体制内中产阶层有着更为突出的感受。

第四，体制内中产阶层因为工作原因，他们有更多的机会参与到政治活动中去，因此他们更了解政治体制中哪些问题需要改进，所以在政治体制意识方面比体制外中产阶层表现得更为突出。

另外，本研究也发现体制内中产阶层比体制外中产阶层在主观地位认同方面呈现更积极肯定的特征。结合前面的研究发现，体制内中产阶层一方面有着更加激进的社会政治态度，另一方面又持有积极的社会地位认同。由此，可以看出体制内中产阶层的社会政治态度中，具有更为强烈的"信心""担当""改革"的意愿。

（四）利益受损

在现实生活中，利益受到损害往往会直接影响人们对社会的情绪与态度。对此，韦伯也曾指出当权力、财富和声望高度相关时，那些被排挤出权力、财富和声望中的人会变得愤怒，而易于选择冲突的方式。[2] 1978 年中国改革开放之后，社会各阶层从经济发展中普遍获得增益，经济增长创造的财富让大多数人的生活得到了改善。

---

[1] 卢春龙：《中国新兴中产阶级的政治态度与行为倾向》，知识产权出版社，2011，第 147~149 页。
[2] 乔纳森·H. 特纳：《社会学理论的结构》，吴曲辉等译，浙江人民出版社，1987。

但是进入 20 世纪 90 年代以来，尤其是世纪之交以来，公众从改革开放中普遍获益的格局发生了变化，一部分群体在经济发展中获益的同时，另外一部分群体则利益受到损害，这也是近些年来社会心态中出现"仇富仇官"的重要原因。[①]

对此，本研究提出研究假设 3："当中产阶层利益得到增加和维护时，他们对现有的社会秩序必然是一种认可与维护；反之，当利益受到侵犯与损害时，他们对现有的社会秩序必然是一种不满甚至是对抗"。而本研究的结果在相当程度上验证了所提出的研究假设 3，即利益受损的中产阶层在主观地位认同、政府工作评价、社会信心等方面要弱于其他中产阶层，他们的社会冲突感和社会公平感则强于其他中产阶层。

利益受损往往意味着社会公平出现问题，利益受损的一方以及没有得到应得利益的一方自然会产生不满与抱怨的情绪，进而有可能会采取多种方式来维护自己利益，甚至是采取抗争行为。不过，本研究也发现在利益受损的中产阶层中，有一部分群体对未来持有积极的信心。由此，我们有理由相信这样的判断：虽然一些中产阶层的利益受到损害，但是这并不太可能诱发社会风险。原因是这些中产阶层群体的利益虽然受到损害，但是他们对未来依然持有积极的态度和较高的信心。

总体来看，本研究试图在以往对阶层意识与态度的研究主要基于主客观地位分析的基础上，拓展对中产阶层社会政治态度的分析视角。对此，本研究立足当代中国现实社会情境，建构了本土化的分析框架，试图从经济增长、社会流动、体制分割和利益受损四个维度探讨中产阶层社会政治态度影响机制。本研究力图跳出中产阶

---

① 胡建国、李春、李炜：《当代中国社会阶层结构》，陆学艺主编：《当代中国社会结构》，社会科学文献出版社，2010。

层社会政治态度"温和—激进"的分析逻辑，回答是什么原因导致中产阶层社会政治态度的取向，即在什么样的情境下，中产阶层社会政治态度会呈现什么样的取向。总体来看，本研究结论表明，在主客观地位影响因素之外，中产阶层的成长经历在不同程度上对其社会政治态度发挥着影响。

三 政策取向

中产阶层崛起对经济社会以及政治秩序不可避免地产生影响，这也是政府与学术界对其关注的重大现实关怀。然而，对于中产阶层的社会政治态度的认识一直以来受西方学术界的影响，束缚于"激进或保守"的讨论中。事实上，一个阶层的社会政治态度很难简单地进行二元归类，受国情、阶层构成和成长的影响，往往会呈现不同的特质。就中国中产阶层而言，我们可以观察到在其社会政治态度中，认同与质疑、激进与保守交织在一起，呈现多维复杂的特征。在社会态度方面，中产阶层既表现出较强的获益感受，也存在着对社会问题的忧虑；在政治态度方面，他们既希望政治体制改革，又对政府持有较高的评价。在某种意义上，这种复杂特征折射出的是中产阶层的理性性格，是很难用激进与保守进行概括的。社会秩序的合理化需要有一个具备理性的主导阶层的存在。因此，我们有理由相信中产阶层的壮大对于发展转型中的中国而言是积极的因素，对此党的十六大以来，亦将壮大中等收入者作为党和政府执政的重要取向。那么，在中产阶层壮大的同时，在社会政治态度引导方面，本研究提出如下对策取向。

（一）进一步通畅社会流动

中产阶层是社会流动的受益者，他们中的相当一部分群体来自社会的中下阶层甚至是底层，通畅的社会流动改变着他们的人生境遇与命运。因此，社会流动对于中产阶层的社会政治态度有着积极的塑造意义。

但是，改革开放以来，中国社会在迈向开放社会的过程中，公正、合理、开放的现代社会流动模式并没有完全建立起来，[①] 先赋性的身份因素在不同领域不同程度地存在着，阻止人们的流动。一方面，代际继承在今天的现实生活中一定程度地存在着，所谓"官二代""富二代""贫二代""农二代"现象，正是这种现实的写照。另一方面，身份排斥在今天的社会管理中也一定程度地维持着，以户籍为代表的身份管理将外来流动人口排斥在外——这不仅仅包括农民工，也包括相当一部分中产阶层。对此，需要进一步通畅社会流动渠道。

首先，要营造良好的社会环境，让人尽其能、人尽其才，实现充分的社会流动。近年来，党和政府关注到社会流动问题，提出要"大众创业、万众创新"以此来扩大就业，增加居民收入，促进社会纵向流动和公平正义。事实上，提供更多向上流动机会，可以让人们在创造财富的过程中，更好地实现精神追求和自身价值。对此，需要清障搭台，简政放权，为市场主体释放更大空间。

其次，要消除社会管理中的身份歧视。当前城市对本地人口与外来人口差异化管理，已经从城乡户籍差别管理转变为本地户籍与外地户籍差别管理。近些年来，在中产阶层主要流向和集中的大中城市，为了控制人口规模，纷纷出台了一系列的住房、小客车、教育、就业的"限购""限行""限考""限就业"政策，而这些"限"的政策主要是针对外来人口中经济条件较好的中产阶层，因为外来人口中底层群体的经济能力有限而没有太多购房、购车的需求，

---

① 参见陆学艺主编《当代中国社会流动》，社会科学文献出版社，2004，第12～13页。

往往是外来人口中的中产阶层有着这些方面的强烈需求。因此在这些"限"的政策实施后，中产阶层往往"中枪"而加大了融入城市的难度。

> 我来北京快 10 年了，前几年房价涨得离谱，所以一直等着降一轮再说，结果赶上限购了，还好老婆是北京户口，算是有资格买房。还好我车先买了，现在我新来的同事想买车没门，别说摇不上号，摇号资格还得攒几年。还有些同事的小孩，初中一毕业就得送回老家读高中，北京连高中都不接收外地小孩，更别说大学了。
>
> ——对北京 R 白领的访谈

在消除对外来中产阶层身份歧视方面，一些城市推行了积分制，但是越是大城市，积分范围越严，能够落户的名额越少，导致政策的有效性越有限，而大城市往往是外来中产阶层集中的区域。对此，可以探讨进一步完善相关政策。

(二) 保护中产阶层利益

近年来，许多地方政府的改革在某种程度上集中触动的都是中产阶层群体的利益。例如，一些城市治理交通拥堵，采取了购车指标竞价拍卖的方式。一般来看，竞价拍卖方式有利于社会富裕群体，而不利于普通群体（普通群体较少参与竞价方式）。事实上，社会富裕群体即使在没有购车指标的情况下，往往也能够通过市场化的方式（如包车、租车）得到满足。而处于富裕群体与普通群体间的中产群体则处于"夹心层"状况。中产群体虽然经济条件较好，有条件参与竞价，但是这会加重他们购车的经济压力。普通群体与中产群体容易对竞价政策公平性产生质疑。

再如教育问题，城市外来中产阶层子女的本地教育机会被剥夺亦是一个突出问题。1999 年，北京市出台"绿卡"即"北京市工作居住证"制度，以吸引高层次人才就业与投资。凡持有北京市工作居住证的外来就业人员，其子女入托儿所、入中小学等方面享受北京市民待遇。但是有关子女受教育"享受市民待遇"这一条，仅仅针对小学、初中和高中教育，并不包括高考。这直接导致持有"绿卡"的外来就业人员的子女在北京生活学习多年后，高考时只能选择回老家。然而，这些"移民二代"从小就在北京生活成长，既不能融入当地城市主流参与公平竞争，又难以回归原籍，他们的社会认同与自我认同趋于边缘化和被排斥化。而持有绿卡的外来就业人员往往是拥有体面职业的中产阶层。

> 政府不应仅为有北京户籍的人服务，也应为所有北京纳税人服务。
>
> ——对北京企业主 K 的访谈

另外，还有一个突出的问题是个人所得税。虽然政府提出要大力扩大中等收入者比例，但是我国现行的个人所得税从 1980 年开征以来，个税起征点一直过低，从最初的 800 元，到现在的 3500 元，使得原本是调节高收入者的个人所得税变成"工资税"。从现状看，那些月收入 3500 元以下人群的消费能力和购买能力不强，通过减税得到一点优惠，对于民生有改善低端境况的现实意义，但对于促进消费，意义并不是很大。但是，对于月收入更高些的人群来说，也就是中产阶层，他们购买力较强，增加其比重和提升其消费能力，对于刺激内需有着重要的意义。但是，目前中产阶层负税明显过重，月收入 5000 元至 20000 元间个税税率达到 20%，明显过高，尤其是在中产阶层相对集中的、生活成本高昂的大中城市，更显得不合适。

> 现在个税太高了。我月收入差不多 3 万元，但是光个税就
> 扣了 5000 元。
>
> ——对北京白领 X 的访谈

个税改革应体现我国培育中等收入阶层的政策导向，包含培育中等收入阶层的内容。个税调整的最终目的应该是再分配的"抽肥补瘦"，让富人拿出更多的钱来。目前个税方案对高端税负的增加是非常明显的，但是从促成社会结构优化的角度讲，未来个人所得税的设计还应更充分地体现对社会中等收入阶层的扶持。在中国经济未来发展主要依靠中产阶层，而中产阶层还不够强大的情况下，国家应在个税税率上对中产阶层予以一定支持，减轻其负税。

（三）关注体制内中产阶层

以往研究表明，体制内中产阶层更多的是从体制内获益，因此他们在社会政治态度上更倾向于对现有体制和秩序的认同与拥护。但是，本研究的结果并不完全支持这种观点，甚至在某些方面体制内中产阶层社会政治态度更加激进与批判，这突出表现为：一是体制内中产阶层的民生压力比体制外中产阶层要强，二是体制内中产阶层社会冲突与社会不公平感高于体制外中产阶层，三是体制内中产阶层政策体制改革意愿强于体制外中产阶层。体制内中产阶层的社会政治态度所呈现的上述特征需要加强关注并进行调控引导。

首先，妥善解决体制内中产阶层待遇问题。就体制内中产阶层而言，虽然拥有稳定的职业，但是他们的名义工资增长滞后于体制外中产阶层。近年来，随着党和政府加大对体制内部门收入的规范，灰色收入被取消，体制内中产阶层的收入与体制外中产阶层相比并不占据优势。虽然，有关"高薪养廉"的呼声一直都有，但是体制内中产阶层的收入一直偏低，与其职业地位是不相称的，这不能不

影响到他们的社会政治态度。对此，需要进一步加强和完善体制内部门的薪酬待遇设计，妥善解决其待遇问题。

其次，重视中产阶层的流动问题。一般而言，在体制内的中产阶层阶级流动率要远远低于体制外中产阶层。原因有三个：一是在科层制下，体制内中产阶层的社会流动往往只有纵向流动，但是随着层级上升，向上流动的机会就越少，难度也越大。当向上流动受阻时，中产阶层相应的待遇与福利则增长缓慢，这是需要妥善解决但是迄今一直没有很好解决的问题。二是较之体制外中产阶层，体制内中产阶层除了向上流动外，水平流动的机会也要少得多，这也导致体制内的中产阶层较少向体制外流动。影响中产阶层从体制内流向体制外的原因除了职业的稳定因素之外，还有一个重要的原因是目前的社会保障不衔接。过去体制内就业者不需要缴纳养老保险，一旦到体制外就业，其养老保险账户则面临亏空。虽然 2015 年初我国出台党政机关与事业单位养老改革条例，但是政策落地后对体制内外流动的打通依然有待观望。

再次，要关注基层公务人员与普通专业技术人员群体，这些群体处于体制内中产阶层的底层，他们待遇一般，但是面临着更大的职业压力与生活压力。在待遇的改善方面需要对他们有所照顾与倾斜。

（四）重视增长与发展关系

在过去三十余年间，中国经济持续快速增长，GDP 总量先后超越西方发达国家和亚洲的日本，跃居世纪第二，仅次于美国。然而，在经济建设取得显著成就的同时，来自社会领域的矛盾与问题开始日益凸显：城乡区域发展差距和居民收入分配差距依然较大；社会矛盾明显增多，教育、就业、社会保障、医疗、住房、生态环境、食品药品安全、安全生产、社会治安、执法司法等关系群众切身利益的问题较多，部分群众生活比较困难；一些领域存在道德失范、诚信缺失现象。① 事实上，近年来普通公众从经济增长中所获得的实惠与经济增长速度不成正比，人们普遍感受到民生压力增长。在这样的背景下，经济增长与民生需求满足二者之间日益呈现"强增长，弱发展"的特征，甚至相当多成员有"被增长"的感觉。这就是所谓的社会成员的"无感增长"。② 例如，依靠高房价拉动的 GDP 增长，使面临住房民生困扰的公众越来越形成"经济增长与我无关"的心理感受，③ 从而对经济增长的合法性产生质疑。与此同时，加之社会分化的加剧，资源与机会配置的失衡，都使得社会冲突显现和社会心态危机显化。

在经济增长与社会发展失衡的背景下，在包括中产阶层在内的社会公众心中，不可避免地出现负面情绪。一方面，这削弱了社会成员对社会和政府的认同感、信任感。而一旦认同感、信任感削弱了，无论政府做什么、说什么，往往会毫无理由地成为被质疑、被挑剔，甚至被讥讽的对象。即使是对某一群体有利的政策，也容易被该群体从负面的意义上去理解和接受，造成政府动辄得咎、非常被动。长此以往，整个社会的凝聚力、向心力就会出现问题。另一方面，它会造成社会成员普遍的弱势化。长期的"无感增长"，使社会成员对自己、对社会丧失信心，感觉无论如何努力也难以改变现状。近几年，一个值得关注的现象就是一些在人们看来属于社会精英的强势群体也纷纷感叹自己正在陷入"弱势化"，"弱势心态"开

---

① 胡锦涛：《坚定不移沿着中国特色社会主义道路前进，为全面建成小康社会而奋斗》，《人民日报》2012 年 11 月 9 日。
② 郑杭生、黄家亮：《从社会成员"无感增长"转向"有感发展"——中国社会转型新命题及其破解》，《社会科学家》2012 年第 1 期。
③ 胡建国：《心态危机显化三大成因》，《人民论坛》2011 年第 12 期。

始在全社会各个阶层之中蔓延。[①] 这实际上就是"无感增长"所带来的后果之一。一旦这种弱势心态演变成为绝望情绪，种种形式的社会暴力冲突就会出现。[②] 总之，强增长、强发展看似增长得很快，实际上是牺牲了社会的进步与发展。对此，需要修正经济增长与社会发展之间的关系，要通过社会建设推进社会发展，改变社会发展滞后于经济增长的失衡局面。在大力推进社会建设中，要坚持公平的原则配置资源，使民生问题摆脱过度市场化的困扰。

[①] 《人民日报》评论部：《用公平正义消解"弱势心态"》，载《人民日报》2011年5月5日。

[②] 参见郑杭生、黄家亮《从社会成员"无感增长"转向"有感发展"——中国社会转型新命题及其破解》，《社会科学家》2012年第1期。

参考文献

[1] 阿尔文·古尔德纳：《新阶级与知识分子的未来》，杜维真译，人民文学出版社，2001。

[2] 埃米尔·涂尔干：《社会分工论》，渠东译，三联书店，2000。

[3] 贝克：《风险社会》，何博闻译，译林出版社，2004。

[4] C. 莱特·米尔斯：《白领：美国的中产阶级》，周晓虹译，南京大学出版社，2006。

[5] 布里埃尔·阿尔蒙德、西德尼·维尔巴：《公民文化》，徐湘林译，华夏出版社，1989。

[6] 曹林：《依赖收费是在扼杀"中产"》，《民生周刊》2013 年第 9 期。

[7] 陈楠：《中产之困》，《南方周末》2011 年 12 月 29 日。

[8] 程巍：《中产阶级的孩子们》，三联书店，2006。

[9] 褚松燕：《公众信心聚散机理与重塑对策》，《人民论坛》2013 年第 5 期。

[10] 大前研一：《M 型社会：中产阶级消失的危机与商机》，中信出版社，2007。

[11] 丹尼尔·贝尔：《资本主义文化矛盾》，赵一凡等译，三联书店，1992。

[12] 渡边雅男：《现代日本的阶层差别及其固定化》，陆泽军译，

中央编译出版社，1998 年第 1 期。

[13] 凡勃伦：《有闲阶级论》，蔡受百译，商务印书馆，1997。

[14] 冯久玲：《亚洲的新路》，经济日报出版社，1998。

[15] 冯仕政：《中国社会转型期的阶级认同与社会稳定》，《黑龙江社会科学》2011 年第 3 期。

[16] 富永健一：《日本的近代化与社会变动》，讲谈社，1990。

[17] 盖奥尔格·西美尔：《社会学：关于社会化形式的研究》，林荣远译，华夏出版社，2004。

[18] 高连奎：《中产阶级的消费苦衷》，《企业家日报》2014 年 3 月 10 日。

[19] 高勇：《地位层级认同为何下移——兼论地位层级认同基础的转变》，《社会》2013 年第 4 期。

[20] 郭存海：《拉美的"过度不平等"及其对中产阶级的影响》，《拉丁美洲研究》2012 年第 4 期。

[21] 塞缪尔·P. 亨廷顿：《变化社会中的政治秩序》，王冠华译，三联书店，1989。

[22] 塞缪尔·P. 亨廷顿：《第三波：20 世纪后期民主化浪潮》，刘军宁译，三联书店，1998。

[23] 侯金亮：《中产阶层"脆弱性"值得关注》，《深圳商报》2010 年 7 月 19 日。

[24] 胡锦涛：《在庆祝中国共产党成立 90 周年大会上的讲话》，《人民日报》2011 年 7 月 2 日。

[25] 胡建国、李春玲：《北京中产阶级的现状及特征》，载李春玲主编《比较视野下的中产阶级形成：过程、影响以及社会经济后果》，社会科学文献出版社，2009。

[26] 胡建国：《中国问题的市场化应对与纠偏》，《中国延安干部学院学报》2011 年第 3 期。

[27] 胡联合、胡鞍钢：《中产阶层："稳定器"还是相反或其他——西方关于中产阶层社会政治功能的研究综述及其启示》，《政治学研究》2008年第2期。

[28] 胡联合、胡鞍钢：《贫富差距如何影响社会稳定的》，《江西社会科学》2007年第9期。

[29] 扈海鹂：《焦虑感：一种社会心理现象》，《社会》1999年第10期。

[30] 黄晓春：《"金融海啸"与中国社会政策的转变》，《社会》2009年第1期。

[31] 吉野文雄：《东南亚中产阶级的形成》，《南洋资料译丛》1999年第1期。

[32] 克里斯·霍格、穆弈：《中产阶层感受物价上涨之痛》，《国防时报》2011年5月11日。

[33] 李春玲：《"80后"的教育经历与机会不平等——兼评"无声的革命"》，《中国社会科学》2014年第4期。

[34] 李春玲：《当代中国社会的阶层意识与社会态度》，《当代中国社会利益关系会议论文集》，2005。

[35] 李春玲：《当前中国人的社会分层意识》，《湖南社会科学》2003年第5期。

[36] 李春玲：《断裂与碎片：当代中国社会阶层分化实证分析》，社会科学文献出版社，2005。

[37] 李春玲：《各阶层的社会不公平感比较分析》，《湖南社会科学》2006年第1期。

[38] 李春玲：《教育不平等的年代变化趋势（19402010）——对城乡教育机会不平等的再考察》，《社会学研究》2014年第2期。

[39] 李春玲：《社会阶层的身份认同》，《江苏社会科学》2004年第6期。

[40] 李春玲:《中产阶级的社会政治态度》,《探索与争鸣》2008 年第 7 期。

[41] 李春玲:《中国中产阶级研究的理论取向及关注点的变化》,载李春玲主编《比较视野下的中产阶级形成——过程、影响以及社会经济后果》,社会科学文献出版社,2009。

[42] 李春玲:《寻求变革还是安于现状——中产阶级社会政治态度测量》,《社会》2011 年第 2 期。

[43] 李路路、李升:《"殊途异类":当代中国城镇中产阶级的类型化分析》,《社会学研究》2007 年第 6 期。

[44] 李路路、唐丽娜、秦广强:《患不均,更患不公——转型期的公平感与冲突感》,《中国人民大学学报》2012 年第 4 期。

[45] 李培林、张翼:《中国中产阶级的规模、认同和社会态度》,《社会》2008 年第 2 期。

[46] 李培林:《研究中国当前社会冲突意识的七个发现》,《理论参考》2006 年第 5 期。

[47] 李普塞特:《政治人——政治的社会基础》,张绍宗译,上海人民出版社,1997。

[48] 李强:《转型时期中国社会分层》,辽宁教育出版社,2004。

[49] 李强:《"绷紧"的社会结构》,《改革内参》2004 年第 32 期。

[50] 李铁:《中国中产阶级成灰色阶层,难当社会稳定器》,《时代周报》2010 年 1 月 14 日。

[51] 李欣欣:《校准分配领域的效率与公平》,《瞭望》2008 年第 5 期。

[52] 李友梅:《社会结构中的"白领"及其社会功能——以 20 世纪 90 年代以来的上海为例》,《社会学研究》2005 年第 6 期。

[53] 林蕴玲:《亚洲现代化透视》,社会科学文献出版社,2001。

[54] 刘军强、熊谋林、苏阳:《经济增长时期的国民幸福感——基

于 CSS 数据的追踪研究》,《中国社会科学》2012 年第 12 期。

[55] 刘林平、沈宫阁:《"贫二代"现象及其发生机制实证分析》,《人民论坛》2014 年第 2 期。

[56] 刘欣:《相对剥夺地位与阶层认知》,《社会学研究》2002 年第 1 期。

[57] 刘欣:《转型期中国大陆城市居民的阶层意识》,《社会学研究》2001 年第 3 期。

[58] 卢春龙:《中国新兴中产政治态度与行为倾向》,知识产权出版社,2011。

[59] 卢汉龙:《城市居民社会地位认同研究》,载于《中国社会学年鉴:1992.71995.6》,中国大百科全书出版社,1996。

[60] 陆学艺主编《当代中国社会阶层研究报告》,社会科学文献出版社,2002。

[61] 陆学艺主编《当代中国社会流动》,社会科学文献出版社,2014。

[62] 陆学艺主编《当代中国社会结构》,社会科学文献出版社,2009。

[63] 陆学艺主编《当代中国社会建设》,社会科学文献出版社,2013。

[64] 罗伯特·K. 默顿:《社会理论和社会结构》,贾鹤鹏译,译文出版社,2006。

[65] 吕庆喆:《2010 年中国城乡居民收入和消费状况》,载汝信、陆学艺、李培林主编《2011 年中国社会形势分析与预测》,社会科学文献出版社,2011。

[66] 马广海:《城市白领三大核心焦虑》,《人民论坛》2013 年第 28 期。

[67] 马戎:《民众对政府的执政能力有信心》,《人民论坛》2008 年

第 11 期。

[68] 倪志伟:《市场转型理论:国家社会主义从再分配向市场的转轨》,载边燕杰主编《市场转型与社会分层:美国社会学者分析中国》,三联书店,2002。

[69] 缥缈:《中产阶级为何难圆小康之梦?》,《中国经营报》2009年1月19日。

[70] 乔纳森·H. 特纳:《社会学理论的结构》,吴曲辉等译,浙江人民出版社,1987。

[71] 人民论坛特别策划组:《全民焦虑症问诊——当前中国人为何焦虑?焦虑程度几何?》,《人民论坛》2013年第9期。

[72] 孙立平:《重建社会》,社会科学文献出版社,2012。

[73] 孙立平、王汉生、王思斌、林彬、杨善华:《改革以来中国社会结构的变迁》,《中国社会科学》1994年第2期。

[74] 沈原:《市场、阶级与社会:转型社会学的关键议题》,社会科学文献出版社,2007。

[75] 邵军:《论马克思主义社会发展观的哲学基础》,《当代世界与社会主义》2010年第2期。

[76] 盛智明:《社会流动与政治信任:基于 CSS 数据的实证研究》,《社会》2013年第4期。

[77] 托克维尔:《论美国的民主》上卷,董果良译,商务印书馆,1997。

[78] 王平:《"贫二代"能不再"贫"吗》,《瞭望》2009年第36期。

[79] 吴成良、莽九晨:《贫富分化日益加剧,中产阶层不断减少:体制弊端导致美国社会愈加不平等》,《人民日报》2014年6月19日。

[80] 吴忠民:《社会焦虑的成因与缓解之策》,《河北学刊》2012年

第 1 期。

[81] 萧新煌、王宏仁：《从东亚到东南亚的中产阶级研究：理论与经验》，载李春玲主编《比较视野下的中产阶级形成：过程、影响以及社会经济后果》，社会科学文献出版社，2009。

[82] 谢桂华：《农转非之后的社会经济地位获得》，《社会学研究》2014 年第 1 期。

[83] 亚里士多德：《政治学》，吴寿彭译，商务印书馆，1996。

[84] 严行方：《中产阶层》，中华工商联合出版社，2008。

[85] 余秀兰：《教育还能促进底层的升迁性社会流动吗》，《高等教育研究》2014 年第 7 期。

[86] 张红：《中产阶级之殇》，《人民日报海外版》2011 年 12 月 22 日。

[87] 张茉楠：《中产阶层萎缩是经济困顿之源》，《深圳特区报》2012 年 12 月 4 日。

[88] 张宛丽、李炜、高鸽：《现阶段中国社会新中间阶层的构成特征》，《江苏社会科学》2004 年第 6 期。

[89] 张宛丽：《中产阶层为何也沦为"夹心层"》，《人民论坛》2010 年第 7 期。

[90] 张伟：《"双色蛋糕"：中间阶层的异质化特征》，《社会》2006 年第 2 期。

[91] 张翼：《当前中国中产阶层的政治态度》，《中国社会科学》2008 年第 2 期。

[92] 张蕴岭主编《亚洲现代化透视》一书中社会现代化部分，社会科学文献出版社，2001。

[93] 张海波：《当前我国社会矛盾的总体特征、生成逻辑与化解之道》，《学海》2012 年第 1 期。

[94] 赵纪萍：《中产阶级的日子越来越难了》，《社会科学报》2011

年 12 月 22 日。

[95] 赵琼:《影响社会公平感的心理因素和社会因素》,《光明日报》2005 年 5 月 10 日。

[96] 周晓虹:《白领、中产阶级与中国的误读》,《读书》2007 年第 5 期。

[97] 周晓虹:《中国中产阶层调查》,社会科学文献出版社,2005。

[98] 周晓虹:《中产阶级:何以可能与何以可为?》,《江苏社会科学》2002 年第 6 期。

[99] 周讯:《消费闲暇:当代中国的中产阶层及消费主义》,载周晓虹、谢曙光主编《中国研究》第 2 期,社会科学文献出版社,2006。

[100] 朱力:《公众信心聚散的社会心理学解读》,《人民论坛》2013 年第 5 期。

[101] Arthur J. Vidch (ed.), *The New Middle Classes: Life - Styles, Status Claim and Political Orientations* (Macmillan PressLtd., 1995).

[102] Carolyn Howe, *Political Ideology and Class Formation: A Study of the Middle Class* (Westport: Praeger Press, 1992).

[103] Chung - Si Ahn, Economic Dimensions of Democratization in South Okrea, in Anek Laothamatas Edited: Democratization In Southeast And East Asia, *Instilued of Southeast Asian Studies* (Singapore, 1997).

[104] Coser, Lewis A., *the Functions of Social Conflict* (London: Free Press, 1956).

[105] Crook, Stephen et al., *Postmodernization* (London: Sage Publications, 1992).

[106] Beck, Ulrich. *Risk Society* (London: Sage Publication,

1992）.

[107] Daniel Bell, *The Coming of Post - Industrial Society* (New York: Basic Books, 1973).

[108] David Saposs, *The Role of the Middle Class in Social Development*, *in Economic Essays in Honor of Wesley Clair Mitchell* (New York: Columbia University Press, 1935).

[109] Giddens, Anthony, *The Class Structure of the Advanced Societies* (London: Hutchinson, 1973).

[110] Goldthorpe, J. H., Catriona Liewellyn, and Clive Payne, *Social Mobility and Class Structure in Modern Britain* (Oxford: Clarendon Press, 1980).

[111] Jackman MR, Jaekman R, An Interpretation of the Relation Between Objective and Subjective Social Status, *American Sociological* 5 (1973).

[112] Joel S. Hahn, Class, Culture and Malaysian Modernity, in Johannes Dragsbaek Schmidt, Joacques Hersh and Niels Fold, *Social Change in Southeast Asia* (Addison Wesley Longman Linited, 1998).

[113] Jones, David Martin and David Brown, Singapore and the Myth of the Liberalizing Middle Class, *Pacific Review* 1 (1994).

[114] Jones, David Martin, Democratization, Civil Society and Illiberal Middle Class Culture in Pacific Asia, *Comparative Politics* 2 (1998).

[115] Lipest et al., *Social Mobility in Industrial Society*, In *Social Mobility in Industrial Society*, Edited by Seymour. M. Lipest & Reinhard Bendix (University of California Press, 1959).

[116] Ossowski, Stanislaw, *Class Structure in the Social Consciousness*

(London: Routledge, 1998).

[117] Pareto, Vilfredo, *The Mind and Society* (New York: Dover, 1935).

[118] Parkin, F., *Marxism and Class Theory: A bourgeois Critique* (New York: Columbia University Press, 1979).

[119] Savage, M. et al., *Bureaucracy & Culture – Middle – Class Formation in Contemporary Britain* (London & New York: Routledge, 1992).

[120] Walsh et al., The Effects of Social Class Identification on Participatory Orientations towards Government, *British Journal of Political Science* 4 (2004).

[121] Whyte, M. K., *Myth of the Social Volcano: Perceptions of Inequality and Distributive Injustice in Contemporary China. Stanford* (CA: Stanford University Press, 2010).

[122] William Kornhauser, *The Politics of Mass Society* (New York: The Free Press, 1959).

[123] Wright, Eric Olin, *Class Structure and Income Determination* (Academic Press, 1979).

致　谢

　　《中国中产阶层社会政治态度研究》是我承担的国家社科基金项目的研究成果，之所以能够选择中产阶层作为研究方向源于我博士生导师陆学艺先生。

　　2004年，我考入北京工业大学，师从陆先生攻读博士学位。先生自20世纪90年代后期开始对当代中国社会阶层进行深入的调查研究，在我博士研究生学习期间有幸加入先生领导的"当代中国社会结构变迁研究"课题组，跟随先生从事社会分层与社会流动研究，先生的教诲以及课题组李春玲、陈光金、王春光、石秀印、李炜等师长和学长的指导让我获益颇深。2008年，先生想继《当代中国社会阶层研究报告》《当代中国社会流动》《当代中国社会阶层关系》《当代中国社会结构》之后，启动课题组第五个研究项目"当代中国中产阶层研究"，我也参与其中，承担中产阶层社会意识态度的研究任务。在收集与整理相关研究文献工作的基础上，我成功申报了2009年的国家社科基金项目，远在美国陪师母养病的先生获悉后也甚是高兴。

　　然而，课题立项后进展并不顺利。一方面是自己有所懈怠，另一方面则是社会建设开始成为学界关注的热点问题，先生审时度势决定暂缓中产阶层研究，带领团队全力以赴转向社会建设研究领域，我亦服从团队工作需要转向社会建设研究领域，和团队一起投入先生牵头的 2010 年国家社科基金重大项目申报工作中去。在成功申报国家社科基金重大项目后，我的科研时间与精力主要投向了社会建设重大项目中。虽然对中产阶层课题的思考不曾停止但时断时续，加之开始担任一些行政工作，更没有整块的时间从事中产课题研究。课题进行缓慢成了我的心病，幸亏我的学生给予了支持。在大家的参与下，课题组定期开会讨论，相互交流进展与讨论研究发现，最后形成了本研究成果。本研究成果各章执笔人如下。第一章：胡建国；第二章：胡建国；第三章：王媛璘；第四章：裴豫、胡建国、李升；第五章：王媛璘；第六章：裴豫、胡建国；第七章：裴豫、胡建国；第八章：博昊渊、胡建国；第九章：王媛璘；第十章：胡建国。另外，本研究的基础数据整理与计算由裴豫完成，胡备参与了文献与资料的收集整理工作。整本书稿最后由我统稿。

感谢我的恩师陆学艺先生的教诲；感谢国家社科基金对本项目的立项支持；感谢课题组成员的辛勤付出；感谢北京工业大学和人文社科学院的领导与老师们给予的关心支持；感谢我的家人一直以来的支持。

胡建国

2015 年 2 月于北京

图书在版编目（CIP）数据

中国中产阶层社会政治态度研究／胡建国等著.－－北京：
社会科学文献出版社，2016.10
　　ISBN 978－7－5097－9308－4

　　Ⅰ.①中… 　Ⅱ.①胡… 　Ⅲ.①中等资产阶级－研究－
中国 　Ⅳ.①D663.6

中国版本图书馆 CIP 数据核字（2016）第 211188 号

中国中产阶层社会政治态度研究

著　　者／胡建国 等

出 版 人／谢寿光
项目统筹／陈　颖
责任编辑／陈　颖

出　　版／社会科学文献出版社·皮书出版分社 （010）59367127
　　　　　　地址：北京市北三环中路甲 29 号院华龙大厦　邮编：100029
　　　　　　网址：www.ssap.com.cn
发　　行／市场营销中心 （010）59367081　59367018
印　　装／三河市尚艺印装有限公司

规　　格／开　本：787mm×1092mm　1/16
　　　　　　印　张：13.25　字　数：171 千字
版　　次／2016 年 10 月第 1 版　2016 年 10 月第 1 次印刷
书　　号／ISBN 978－7－5097－9308－4
定　　价／59.00 元